"融媒体研究丛书"
受四川大学"985工程"
经费资助

"融媒体研究丛书"编委会

丛 书 主 编　蒋晓丽
编委会主任　蒋晓丽
编委会委员　陈华明　黄顺铭
　　　　　　肖尧中　曹漪那
　　　　　　杨　珊

▶ 融媒体研究丛书 ◀
丛书主编　蒋晓丽

颠覆与想象：

后互联网时代的媒介理论与媒体实践

DIANFU YU XIANGXIANG:
HOU HULIANWANG SHIDAI
DE MEIJIE LILUN YU MEITI SHIJIAN

陈明悦　朱亚希　贾瑞琪　尚　帅　著

四川大学出版社

项目策划：徐　燕
责任编辑：罗永平
责任校对：黄蕴婷
封面设计：墨创文化
责任印制：王　炜

图书在版编目（CIP）数据

颠覆与想象：后互联网时代的媒介理论与媒体实践 / 陈明悦等著. — 成都：四川大学出版社，2020.8
（融媒体研究丛书 / 蒋晓丽主编）
ISBN 978-7-5690-3375-5

Ⅰ. ①颠… Ⅱ. ①陈… Ⅲ. ①互联网络－传播媒介－研究－中国 Ⅳ. ① G219.2

中国版本图书馆 CIP 数据核字（2020）第 162922 号

书名	颠覆与想象：后互联网时代的媒介理论与媒体实践
著　者	陈明悦　朱亚希　贾瑞琪　尚　帅
出　版	四川大学出版社
地　址	成都市一环路南一段 24 号（610065）
发　行	四川大学出版社
书　号	ISBN 978-7-5690-3375-5
印前制作	四川胜翔数码印务设计有限公司
印　刷	成都金龙印务有限责任公司
成品尺寸	148mm×210mm
插　页	2
印　张	4.5
字　数	143 千字
版　次	2020 年 10 月第 1 版
印　次	2020 年 10 月第 1 次印刷
定　价	22.00 元

扫码加入读者圈

版权所有 ◆ 侵权必究

◆ 读者邮购本书，请与本社发行科联系。
　电话：(028)85408408/ (028)85401670/
　(028)86408023　邮政编码：610065
◆ 本社图书如有印装质量问题，请寄回出版社调换。
◆ 网址：http://press.scu.edu.cn

四川大学出版社
微信公众号

总　序

随着新媒介技术的迅猛发展，传播媒介的融合已是必然之势。以移动互联网为代表的融媒体，在不断撼动传统媒体地位的同时，也正在塑造着全新的融合性传播生态。在这个新的传播生态中，不仅各类媒介以移动互联网为平台实现了有机融合与再造，各家媒体集团也在理念和业务领域实现了多元融合的转向。与此同时，大数据技术和人工智能技术的强势来袭，也使当前的融合性传播生态不断呈现出泛媒介化和智媒介化的发展趋势。受此影响，社会系统的运行、人的认知与行为以及人与社会、人与自然之间的相互作用都在发生着深刻的变化，打下越来越深刻的融媒介化的烙印。

毋庸置疑，传播领域发生的这一系列变革不仅颠覆了传统的传播格局，同时也正在改变和重塑人类社会的方方面面。这个聚合裂变带来的各种问题也成为错综复杂、融汇纠结的世纪难题，无论是学界还是业界都必须应对由此而至的严峻挑战。因此，系统而深入地探讨融媒介背景下新闻传播业发展的现状及趋势，聚焦融合性传播生态下新闻传播面临的各类问题和矛盾，关注融媒介革命对社会的重大作用和深刻影响等具有较高的学术价值和时代意义。

融媒体研究丛书由四川大学蒋晓丽教授组织和指导编写，汇聚十余位新闻传播学领域的青年学者，从融媒介的技术发展趋势入手，逐渐深入，选取近年备受关注的媒介研究视角，结合社会学、心理学、经济学、伦理学、符号学等诸多学科，从互联网站传播、网络民意表达、传播伦理、社交媒体、传播的符号化等方面论述与研究融合性的媒介、媒体生态系统，探求传统媒体与新媒体的互动合作以及媒介融合发展的新态势。

  本套丛书以综合、立体、动态的系统思维指导研究，采用质性研究与量化研究相结合的研究方法，从宏观视角切入、微观视角深化，力图打破传统的媒介融合研究壁垒，对融合性媒介及融合性媒体在各个方面的实践进行系统的探讨。此外，本套丛书还将紧密结合大数据的时代背景，探究全新的技术条件下融合性媒介及融合性媒体发展的新规律和新样态，从而为媒介融合的发展打下坚实的理论基础，以期能有效地指导媒体业务发展。

  融媒体研究丛书由四川大学"985工程"经费资助出版，其作为新闻传播学跨学科研究的丛书，适合高校修习新闻传播和与之相关跨学科课程的博士、硕士研究生及高年级本科生作为教辅使用；此外，本丛书多元化的选题、系统深入的理论分析与案例研究，同样适合新闻传播学和社会科学研究方面的其他理论工作者阅读。丛书主编、编委会委员以及各位作者力求将研究做到全面、系统、细致、深入，如有未尽之处，也敬请各位读者批评指正。

丛书主编：蒋晓丽
2016年10月25日

前　　言

经过了近 50 年的快速发展,人类社会已经步入后互联网时代。后互联网时代是一个高度依赖于互联网的时代,个体的存在和社会的发展都与互联网密切相关。以互联网技术为核心的新信息技术重构了时间和空间,重塑了社会关系和结构。后互联网时代是一个以技术为基础、为技术所助推、依技术而存在的时代。技术已经由非必要条件转变为必要条件,成为社会结构的基本条件和发展的基础动力。技术主导性地位的确立为社会各个领域与社会实践活动带来了新的转变与契机,催生了一系列新的媒介现象和媒介理论的发展与创新。

本书聚焦后互联网时代下的技术、媒介与社会,从宏观与微观两个层面对新时代、新范式下的媒介理论与媒体实践展开了讨论与反思。本书共分上下两篇,上篇为后互联网时代的媒介理论,包含第一章至第四章,主要从技术与社会、技术与人、技术与传播的关系入手,分析了网络技术、数字技术、人工智能技术等新技术的发展对社会、经济、文化带来的冲击与变革,用辩证与批判的视角对后互联网时代下的社会结构和媒介文化展开讨论。

本书先从后互联网时代的社会结构着手,探讨了后互联网时代网络成为社会神经系统的事实。后互联网时代的社会是一个网络社会。在这里,网络社会不仅指向"基于互联网架构的电脑网络空间",同时也指向"作为一种新社会结构形态的网络社会"。这两种层次的网络社会既存在着一种微观与宏观的关系,同时也包含着建构与被建构的关系。在由虚拟与现实、宏观与微观纵横交织而成的网格系统之中,网络作为社会神经贯穿始终。无论是作为个体的人抑或是作为整体的社会组织，其社会实践活动都已被深深嵌入这一网络系统之中，在现实社会与网络社会之间自由切换，并在这一过程中调整、重塑甚至萌生着新的理论，指导着新的实践。

后互联网时代的另一大变革是新媒体正在成为当前社会结构中的核心物质基础。新媒体的出现不仅是技术层面的革新，更是传播结构层面的一次革命。新媒体所具有的集成、互动、数字化特征，使其成为超越传统媒体的"后互联网式"存在。新媒体核心地位的确立预示着信息传递的模式已经从单向的训示模式转变为协商、注册和交谈模式。新媒体一方面作为一种实践工具改变着既有的传播格局与传媒形式；另一方面也作为一种新的对象倒逼新的媒介理论的诞生，引领媒介研究的进程。

人与技术的关系是一个永恒的哲学命题，本书还从海德格尔的技术哲学观切入，对后互联网时代的人与技术展开讨论。在后互联网时代，技术的飞速发展在形塑社会结构的同时，也重塑了"人－技"关系。人与技术的关系面临着前所未有的再界定与再建构。一方面，技术的主体性地位提升，技术与人之间的博弈状态更为显著，技术对人的促逼也更加明显；另一方面，人与技术不再是简单的、线性的对抗，而是融合了"互构"与"互驯"。人与技术也尝试着在博弈之中寻求和解，在微妙而又复杂的关系中找到一种相对平和的状态。

技术是具有两面性的，我们不仅关注网络技术给人类社会带来的积极影响，还从反向的视角对人与技术的关系进行了进一步探讨，反思了后互联网时代数字化生存的弊端。技术在当前社会中所扮演的角色是多元而复杂的，我们既要看到其能动性的一面，也要看到潜藏在其能动性背后的可能的威胁。尤其是技术与生俱来的"双刃剑"特征，更是警示我们在纷繁复杂的后互联网时代保持足够的冷静与清醒。换句话说，究竟是技术生存还是技术至死，或者是在夹缝中求生存、在黑暗中找光明，是技术的阴暗面带给我们的不容忽视的反思。

下篇为后互联网时代的媒体实践，包含第五章至第八章，主要从新闻表达、媒介呈现、媒体融合等具体的媒介实践入手，探讨了后互联网时代对传播行为的颠覆与重构，并尝试在媒介实践经验的基础上探索媒介理论的发展与创新。

本书对后互联网时代传播的游戏化及其表征展开了详细讨论。后互联网时代的新闻文本不再局限于传统的文字、图片和图像等单一形式。新闻以一种背景事件的方式嵌入游戏之中,多元符码带来的丰富的语义空间、表意呈现及意义再造贯穿始终,在重塑传播行为的同时,也为受众带来了参与感、沉浸感、愉悦感等一系列极具游戏色彩的心理体验。这种新的传播形态不再局限于以往新闻叙事的载体,而是以一种崭新的方式讲述着新闻故事。符号在传播活动中的表意与呈现,也同时恰恰构成了游戏化传播的鲜明表征。

内容生产流程的转变意味着传播权力的重构。本书以"今日头条"为例,对后互联网时代的新闻生产进行了分析与反思。算法和大数据等技术手段的引入,促使生产和分发相分离,大大提高了分发的效率。传播由原先的时空偏向转变为兴趣偏向,兴趣偏向又决定了资讯的流通走向。与此同时,算法作为一种技术,作为一种权力,潜在地、隐蔽式地控制着用户,并将这种控制转变成让人浑然不觉的符号暴力,一种温和的暴力,使得广大用户在这种误识当中甘情愿地充当平台的数字劳工,为其生产着巨大的流量。

本书还从社会嵌入理论视角出发,对全球热门的媒介研究话题——媒体融合进行了思考。实践证实,媒体融合不仅是一种业态的转变,更是一种关系结构的融合。我们需要从"关系"的视角重新审视媒体融合所带来的政治、经济、文化、社会的结构性转变。社会嵌入理论的核心概念就是"关系"。透过关系,可以更清楚地看到社会行动者是如何在动态的社会互动过程中相互影响,从而影响整体结构的。"关系范式"作为媒体融合研究的新范式,不仅有利于实现从"以内容为中心,以产业为延伸"的传统融合思维到"以关系为纽带,以人为中心"的创新融合路径的转换,也有助于再次确立关系视角在媒介研究中的方法论意义。

最后,本书从品牌权益视角入手,对如何提升媒体的经营管理进行了探讨。品牌经营是后互联网时代媒介经营的重要手段。本书以电视综艺节目的品牌塑造为例,通过实证研究,分析了媒体品牌的塑造模型以及提升节目忠诚度的要素和策略。

后互联网时代，媒介的属性和结构发生了颠覆性的变革，原有的传播秩序被打破，传播格局日趋复杂化和多元化。对媒介现象的研究也需在变革中不断探索实践，在实践中反思，在反思中前行，这既是对当前媒体环境的客观概括，也是对当下媒介理论的自觉认知。近年来，我和我的博士生们密切关注新媒体的发展趋势，针对新媒介本身的发展、新媒介与人的互动、新媒介与社会的关系等问题在课堂内外展开了反复讨论，对新媒体也有了更全面深入的认识。本书从宏观和微观双重视角切入，对后互联网时代的媒介理论与媒介实践进行了梳理，以期为新闻传播学及相关学科学生认识媒介、理解媒介提供一些新的观点与见解。

目 录

绪 论……………………………………………………………（1）

上 篇 后互联网时代的媒介理论

第一章　网络：社会的神经系统……………………………（11）
　　第一节　网络社会的内涵辨析……………………………（11）
　　第二节　网络社会的多层次结构…………………………（17）
　　第三节　社会网络中的单元与联系………………………（20）
第二章　作为社会新基础的新媒体…………………………（26）
　　第一节　新媒体革命的本质………………………………（26）
　　第二节　新媒体的界定与核心特征………………………（29）
　　第三节　新媒体推动社会变革……………………………（31）
第三章　从解蔽到座架：论人工智能时代技术与人的互构与互驯
　　………………………………………………………………（37）
　　第一节　"人－技"关系：技术哲学的基本命题…………（37）
　　第二节　互构：技术与人互依共存………………………（39）
　　第三节　互驯：技术与人无限博弈………………………（44）
第四章　数字化生存的反思：技术生存还是技术至死……（50）
　　第一节　反对狭隘理性的解决方案主义…………………（51）
　　第二节　反对互联网中心主义……………………………（53）
　　第三节　互联网的开放和自由不等于政治自由和人类自由
　　………………………………………………………………（55）

1

第四节　算法是温柔的陷阱…………………………（58）
第五节　对技术的反思与超越………………………（63）

下　篇　后互联网时代的媒体实践

第五章　后互联网时代的传播游戏化及其表征…………（69）
　第一节　游戏化传播的基础…………………………（71）
　第二节　游戏化传播的实践…………………………（75）
　第三节　游戏化传播的效果…………………………（78）
第六章　传播的兴趣偏向和浑然不觉的符号暴力………（84）
　第一节　算法：一种隐性的控制手段………………（85）
　第二节　控制：浑然不觉的符号暴力………………（88）
　第三节　控制：技术与商业的合谋…………………（92）
第七章　社会嵌入理论视角下媒体融合的行动框架构建…（95）
　第一节　嵌入与社会嵌入理论………………………（96）
　第二节　从"业态"到"关系"：媒体融合的应然逻辑转向
　　　　　………………………………………………（98）
　第三节　社会嵌入理论下的媒体融合行动框架构建…（101）
第八章　品牌权益视角下电视综艺节目品牌与节目忠诚度关联
　　　　研究………………………………………………（108）
　第一节　品牌权益理论及相关模型构建……………（109）
　第二节　电视综艺节目品牌与节目忠诚度的测量…（114）
　第三节　电视综艺节目品牌与节目忠诚度之关系验证…（117）
　第四节　电视综艺节目与节目忠诚度之关联结果…（121）

参考文献……………………………………………………（126）
后　　记……………………………………………………（135）

绪　　论

随着技术的快速发展，互联网已经深度渗透人们日常生活的各个方面。我们已经来到了后互联网时代。"后互联网时代"是相对于"互联网时代"而言的，它既延续、发展了互联网时代的诸多特征，也显现出了独有的新结构和新规律。以互联网为基础的新媒体的出现，打破了传统媒体的传播结构和传播方式，对整个社会的政治、经济、文化、教育、法律等都带来了全方位的挑战。社会的原有秩序受到了前所未有的冲击，我们一边坚守着旧的经验与规则，一边又认识着新技术、接受着新观念，在新旧交替的混沌时代摸索前行。

如果说互联网时代是一个变革的时代，那么后互联网时代便是一个颠覆的时代。后互联网时代是一个以技术为基础、为技术所助推、依技术而存在的时代。技术已经由非必要条件转变为必要条件，成为社会结构的基本条件和发展的基础动力。过去，人们通过技术去征服自然、获取资源，技术是人的工具。在后互联网时代，数字化的生活已经成为常态，信息技术已经成为人们生活不可或缺的一部分。正如凯文·凯利所描述的——技术是一种生命体，技术有它自己的逻辑和规律。那么当技术的主体性得到前所未有的凸显时，人该如何自处？这是后互联网时代不可回避的哲学命题。

当然，我们大可不必过于悲观，凯文·凯利认为技术和人性都是进步的，技术的需要就是人类的需要，人和技术会保持着一种无限博弈的状态。信息技术主体性的凸显为社会的结构逻辑和指导社会实践的规律带来了颠覆性的影响。一方面，新信息技术作为一种实践工具改变着既有的传播形式和传播格局，推动媒介实践不断探索创新；另一方面，新信息技术作为一种社会结构要素，颠覆了人类社会传统的生活方式、思维方式、文化观念。社会的基础结构在新信息技术的影响下发生着颠覆性的变化，变化的社会结构又在影响着信息技术的发展方向。社会和媒介网络相互渗透、深度融合，推动着网络社会的快速崛起。后互联网时代的到来标志着人们进入了一个全新的社会阶段，它不仅给我们带来了新的社会形态，也为媒介理论研究提供了一种新的范式。

一、媒介研究的新视角

认识事物的方式决定了认识的结果。后互联网时代对信息传播的颠覆，首先体现在它改变了作为技术的媒介与人、媒介与社会之间的深层关系。基于互联网产生的各类新媒体不仅是一种新型的媒介形态，也是形成新社会形态的核心要素。这种关系和结构的改变为媒介研究带来了新的研究视角和研究范式。

（一）网络与网络社会

在漫长的历史长河中，人类社会从农业社会逐步过渡到工业社会，又在21世纪正式步入高度信息化、数字化、网络化的社会。21世纪是网络的时代，21世纪的社会是网络化的社会。我们对网络社会的讨论是从与计算机技术、数字技术密切联系的网络技术开始的。从20世纪70年代开始，网络技术就为我们带来了更高效、更便捷、更灵活的信息传播载体，改变了传统的传播形态。特定的传播形态必然会产生与之相适应的传播规律和传播关系，因此在网络技术的推动下，人类社会也开始呈现网络化的特点。早期，这种网络化的特征主要体现在对数字化的高度依赖上，因而网络社会也被叫作"赛博社会"。信息技术拓展了人类的生存空间，在现实的社会空间之外营造出了一个新的数字化的网络空间。

然而，随着信息技术的快速发展和高度普及，互联网渗透人类社会的方方面面。我们日渐发现，数字化不是网络社会与传统社会的最本质区别，"网络的社会"也难以概括网络社会的全部内涵。于是以曼纽尔·卡斯特为代表的学者们提出了一个新的理论视角——"网络化的社会"。这里的"网络"不再只是一种信息技术,而是一种社会结构方式。"网络社会"也不再只是一种网络技术高度普及的社会,而是一种在网络化逻辑之下建立起来的新的社会结构和社会关系。

后互联网时代,网络不仅仅是一种信息传播技术、一种工具载体,而是作为社会的神经系统而存在。换句话说,人类社会已经彻底进入网络社会时代。在这里,网络社会不仅指向"基于互联网架构的电脑网络空间",同时也指向"作为一种新社会结构形态的网络社会"。这两种层次的网络社会既存在着一种微观与宏观的关系,同时也包含着建构与被建构的关系。在由虚拟与现实、宏观与微观纵横交织而成的网格系统之中,网络作为社会神经贯穿始终。无论是作为个体的人抑或是作为整体的社会组织,其社会实践活动都已被深深嵌入这一网络系统之中,在现实社会与网络社会之间自由切换,并在这一过程中调整、重塑甚至萌生着新的理论,指导着新的实践。

(二)如何定义新媒体

伴随着互联网的兴起,诞生了各种各样的新型媒体形态,打破了报纸、广播、电视等大众传播既有的传播结构,革命性地重塑了传播生态环境,全面、深远地影响了整个社会的政治、经济与文化,成为与传统媒体明显不同的新媒体。该如何定义新媒体,一直如同新兴媒体丰富多彩的媒介形态一样,难以形成定论。有人从新媒体的技术特征出发,尝试对其进行定义,如联合国教科文组织认为新媒体就是网络媒体。在此视角下,技术变革是新媒体形成的核心因素。但回顾人类社会的历史发展,我们会发现每一次的传播技术革命都会带来所谓的"新"媒体。如此,新媒体就是一个相对概念,那么我们所谓的"新媒体时代"就变得站不住脚跟。也有人从新媒体的传播关系特征出发对其进行定义。如美国《连线》杂志认为新媒体就是所有人对所有人的传播。这一视角确实抓住了互联网和报纸、广播、电视等传统媒体在传播结构上的本质区别,但我们也会发现这样宏观的视角就失去了对新媒体进行界定区分的本意。

要清晰、准确地定义新媒体,必须抓住新媒体的本质特征。相对于传统媒体而言,新媒体具有即时性、海量性、交互性、连通性、多媒体等优势,这些特点已经经过了众多学者的反复论证与实践验证,无须过多置疑。但是这些特征加起来也不足以定义新媒体,因为这些特征都是从媒介角度出发、相较于传统媒体的优势。在后互联网时代,新媒体已经渗透社会生活的方方面面,它给社会带来的变革已然超越了媒介的范畴。后互联网时代的新媒体成为重构社会生态和社会结构的重要力量,是当前传播体系中的核心媒介样态。新媒体的出现不仅是技术层面的革新,同时也是传播在结构层面的一种变革。其一方面作为一种实践工具改变着既有的传播格局与传媒形式,另一方面也作为一种新的对象倒逼新的媒介理论的诞生,引领媒介研究的进程。

(三) 人与技术关系的重构

关注互联网与新媒体,关注媒介理论的演变与创新,最根本的目的还在于反思和观照人以及人类社会发展本身。从技术的视角出发,人类社会的发展可以看作人对工具和技术利用的发展。人与技术的特定关系构成了特定的社会关系,进而形成特定的社会结构,衍生出特定的社会政治、经济、文化。人与技术的关系是一个永恒的议题,在每个时代都被反复讨论。

在后互联网时代,人与技术的关系面临着前所未有的再界定与再建构。后互联网时代技术的主体性比以往任何一个时代都更加凸显。一方面,技术的主体性地位提升,技术与人之间的博弈状态更为显著,技术对人的促逼也更加明显;另一方面,人与技术也尝试着在博弈之中寻求和解,在微妙而又复杂的关系中找到一种相对平和的状态。因此,技术在当前社会中所扮演的角色是多元而复杂的,我们既要看到其能动性的一面,也要看到潜藏在能动性背后的可能的威胁。尤其是技术与生俱来的"双刃剑"特征,更是警示我们在纷繁复杂的后互联网时代保持足够的冷静与清醒。换句话说,究竟是技术生存还是技术至死,或者是在夹缝中求生存、在黑暗中找光明,是技术的阴暗面带给我们的不容忽视的反思。

新信息技术的发展如同滚雪球一般,其发展的动力会越来越强劲,曾经几十年、上百年才能积累的技术革新,在当下也许只需几年就会更新换代。技术发展的动力越强,其自身的生命力和自主性也就越强。尤其是在人工智能、物联网等新兴技术的推动下,互联网会变得越来越智能化,技术变革的方向也会越来越难预测。我们只有对人与技术的关系不断进行反思,才能跟上技术发展的车轮,对新技术和新社会形态有更清醒、正确的认识。

后互联网时代,技术成为社会的结构基础,网络成为连接社会各要素的神经系统,新媒体则成为人类社会生活的物质基础。这才是互联网革命的本质。这种新的结构和关系形态,引发了新一轮的媒介理论创新,为媒介研究提供了丰富的新议题与新路径,并且这一状态将在持续发展中不断深化,成为未来一个阶段的常态。

二、媒介实践的新经验

后互联网时代是网络社会的时代。美国学者曼纽尔·卡斯特在《网络社会的崛起》一书中指出网络已经成为一种社会存在与发展的基础性配置。在网络社会里,每一个人都是一个社会存在的节点,每一个人都依存网络实现数字化生存。新信息技术不仅改变了媒介的技术特征,还深深地改变着人们的生活方式。新媒体嵌入式地存在于我们生活的每一个角落,既给我们的生活开拓出新的景观,又给我们习以为常的生活带来新的结构性变化。

在以移动互联网为主体的后互联网时代,传统的新闻业受到了巨大的挑战。从新闻文本、新闻生产流程到新闻产业的布局与运营,各个方面都发生着颠覆性的改变和重构。传统媒体内容为王的生存法则,在渠道为王、算法推荐、个性化满足的流量时代遭遇了极大的挑战。平台型媒体的崛起、个性化匹配的精准服务越来越让单纯提供内容的传统媒体捉襟见肘,在市场竞争的浪潮中节节败退。媒介进化的脚步从未停止,新一轮技术的进化与发展,客观上要求新一轮的媒介实践予以回应。

(一)新闻文本重构

从新闻文本的角度来看,后互联网时代的新闻文本不再局限于传统媒体如报纸、广播、电视等的文字、图片和图像的模拟与再现。游戏化、符号化的传播文本逐渐显现其传播优势并成为新媒体时代的主要传播形式。后互联网时代是个体被激活的时代，传播权力和信息资源向"原本的受众"扩散。个体直接嵌入信息传播的网络中，构成信息网络的节点。传播不再是单一的信息传递，而是一场由传者与受者联合呈现的游戏景观。

在后互联网时代的传播实践中，多元符码带来的丰富化语义空间、表意呈现及意义再造贯穿始终，在重塑传播行为的同时，也为作为个体的受众带来了参与感、沉浸感、愉悦感等一系列极具游戏色彩的心理体验。新闻以一种背景事件的方式嵌入游戏之中，玩家可以在玩游戏的过程中了解新闻、体验新闻、参与新闻。这种真实的、游戏视角建构的传播形态不再局限于以往新闻叙事的载体，而是以一种崭新的方式讲述着新闻故事，同时，符号在传播活动中的表意与呈现也恰恰构成了游戏化传播的鲜明表征。

（二）生产流程再造

传统的受众观受到了新的传播模式、传播关系的挑战。传统的以接收信息、消费内容商品为主的被动型受众已不复存在，取而代之的是主动筛选过滤信息、传播信息、强调个体满足的用户。这种转变从根本上打破了传统的新闻生产流程，让原本结构化、线性的生产流程变得更加开放、多元。后互联网时代强调用户生产内容，用户既是信息的消费者，也是信息的生产者，并将信息消费行为和自身的社会关系整合到内容的生产中去。同时，算法和大数据等技术手段的引入，也使内容生产的流程变得更加智能化。平台型媒体甚至只致力于内容分发，就取得了空前的成功。个性化推送极大地满足了人们对信息的兴趣化偏向，用户在自身感兴趣的信息海洋里畅游，比较容易造成群体极化和信息茧房效应。用户在享受技术带来的便利的同时，也不能忽视技术中心主义所带来的弊端，只有在信息个性化传播和共性化传播之间取得平衡，过滤掉"三俗"内容，才能取得经济效益和社会效益的双赢。

（三）渠道选择变迁

新媒体在新技术的助力下，有着传统媒体不可比拟的优势，快速地挤占着传统媒体的生存空间。面对新媒体的强势崛起,传统媒体不得不寻求转型。媒介融合是一个从互联网兴起后就反复被讨论的议题,经过了几十年的理论研究和实践探索,我们逐渐认清一个事实:媒介融合绝不是简简单单地将新媒体技术融入传统媒体的基因。媒介融合的本质是渠道的入口之争,用户根据自己的喜好选择媒体的入口,并且在这个过程中往往会产生路径依赖,也就是说人们往往会习惯于选择自己信赖和喜欢的渠道作为参与信息传播的入口。在这个多媒体、跨平台整合传播的后互联网时代,传播者不仅仅要通过平台及时发布最新的信息,也应该搜集用户的信息并将之作为内容生产的素材,还应该重视关系在互联网传播中的重要性,引入关系要素,与用户形成良好的互动,增强入口渠道的用户黏性,才能把握后互联网时代媒介融合的核心。

(四)经营管理创新

互联网的连通性和互动性决定了商业属性是它的本质属性之一。相较于传统媒体以内容售卖和广告为主的盈利方式,以互联网为基础的新媒体有更强的盈利能力和更多样化的盈利模式。近年来,全球传统媒体营收骤减、风光不再,在生存边缘艰难挣扎度日。然而,与此同时,各大新媒体巨头快速崛起、疯狂扩张,高调加入竞争。新的商业模式正在成为主流,事实就是最好的论证。新经济颠覆传统经济,意味着用户的价值创造方式和企业的价值获取方式发生了改变。前者是用户需求和消费所创造的市场价值,后者是企业创新和运营所创造的市场价值。这两者都不再遵循传统的商业规则。后互联网时代,新媒体的价值增长和变现要抓住以用户为中心的核心理念,打造独特的品牌形象,塑造有内涵的品牌文化,提供差异化、个性化的服务,以吸引更多用户注意力,增强用户黏性。后互联网时代是一个多元化的时代,不同属性的新媒体有着不同的盈利方式,如何找准市场定位、塑造品牌形象、提升用户忠诚度是一个复杂的问题,需要针对具体媒体进行实证分析。

新信息技术改变了传统的社会结构和社会关系,也必然对传播内容、传播形式以及经营方式等诸多方面提出了新的挑战和思考。后互联网时代，媒介的实践有了更多新现象和新经验。这些媒介实践既是对新媒介理论的回应，同时又在实践中不断拓展着媒介理论研究的视角和范式。后互联网时代，媒介研究日趋多元化、复杂化，本书的研究议题和研究对象亦不能穷尽当下的媒介现象和问题，只希望为当下媒介研究提供一定参考，也希望有更多的学者参与讨论，共同推动后互联网时代媒介研究的良性发展。

上 篇
后互联网时代的媒介理论

第一章　网络：社会的神经系统

后互联网时代，随着新信息技术的深入发展，社会和媒介网络在不断交互的过程中逐渐融合成为整体已经成为一个既定事实。人类社会已经从传统的工业社会转变为一个高度信息化、网络化的新型社会。它是一个社会和媒介网络的深层网状结构，这种结构改变了原有的社会结构方式，也改变了人们参与社会互动、积累社会经验的方式。来自广大社会成员的认同权力改变了社会权力结构，不仅使原有权力结构中的力量对比关系发生了变化，而且更重要的是新权力的成长壮大为传统权力结构注入了一种导致内部持续紧张的新权力结构。网络社会也逐渐成为我们理解当今社会政治、经济、文化的一个重要逻辑视角。本章围绕简·梵·迪克的《网络社会——新媒体的社会层面》一书，对网络社会这一概念内涵、网络社会视角下社会的结构特点及结构方式展开了讨论。

第一节　网络社会的内涵辨析

20世纪70年代以来，在计算机技术、网络技术、数字技术等新技术的作用下，人类社会逐渐进入一个新的社会阶段，催生出了一种新的社会形式——网络社会。然而，对于网络社会的界定，学界一直存在相互矛盾和混淆的辨析。总体而言，对网络社会的界定大致可以归纳为两类：一种是基于互联网架构的作为电脑网络空间（cyber space）的网络社会（cyber society），另一种是作为一种新社会结构形态的网络社会（network society）。① 尽管在中文上都叫作网络社会，但这两个网络社会在指涉和内涵上都有着巨大区别。

一、作为电脑网络空间的网络社会

对网络社会的讨论，是从网络这一代表性信息技术开始的。网络社会（cyber society），是一种在互联网空间中产生的社会形式。以计算机技术、网络技术、通信技术、数字技术为基础的互联网，为人类社会提供了一个新的技术平台。它在物理空间之外为人类文明扩张提供了一个另类空间，是人类赖以相互交往、发展经济、进行社会和政治谋划的新场所。② 新的技术平台催生出了新的社会关系与社会结构，网络社会便是在网络这一技术的物质基础上，通过数字化整合过程而形成的相对稳定和有序的关系网络。这一观点得到英尼斯和梅洛维兹"技术论"的支持。他们认为技术不仅是社会发展的动力，更具有界定社会的能力，媒介和技术本身就是一种社会环境。计算机网络的技术特征一定会对其使用者产生影响，改变原本的社会关系结构。所以从本质上看，网络社会就是一种数字化社会关系结构。③ 因此，这种意义之下的网络社会又被叫作"赛博社会"。

网络空间并不是真实的物理空间，数字化基础决定了网络社会关系的虚拟性。互联网突破了时间、空间的限制，改变了人与人在社会交往中的角色的形成，也改变了社会互动方式，产生了新的虚拟的社会关系和结构。但这种虚拟并不等同于"非真实"。虚拟的社会互动会带来真实的社会影响，虚拟的线上空间会替代实体的线下空间。随着技术的发展和普及，越来越多的人参与其中，当互联网越来越深入人们的日常生活时，再将网络空间视作一个独立空间，割裂网络空间中的社会关系与现实社会关系，就已经失去意义。虽然人们在互联网上接触到的都是数字化的信息，在形式上体现为人与电脑或终端的互

---

① 郑中玉、何明升：《"网络社会"的概念辨析》，载《社会学研究》，2004年第1期。
② 胡泳：《另类空间——网络胡话之一》，海洋出版社，1999年，第4页。
③ 戚攻：《网络社会在社会结构中的"位置"》，载《社会》，2004年第2期。

动，但其本质上还是人与电脑或终端背后的人的互动。作为人与人交往结果的网络社会，本质上也是"日常社会"的一部分，是一种新的社会存在方式。

学者戚攻在定义网络社会的基础之上进一步阐述了网络社会与现实社会的关系，他认为网络社会与现实社会之间存在着"延伸"与"依存"的关系。网络社会虽然具有虚拟性，但这种虚拟在本质上也是一种客观的社会现象、一种社会实存。网络社会依存于现实社会，但又不仅仅是现实社会的翻版。网络空间中的社会互动依赖于现实社会实践中的经验，并且这种实践最终也需要回归现实社会加以检验和修正。这种线上与线下的互动循环，会对人的社会认知形成、社会角色扮演、社会关系建立等多方面产生深远的影响，因此，网络社会是对现实社会结构、关系与功能的重组与再造。在社会与媒介网络的互动与整合的过程中，网络空间的发展必然受特定的社会经济、社会文化、政治制度的影响。

二、作为新社会结构形态的网络社会

对作为新社会结构形态的网络社会（network society），曼纽尔·卡斯特在《网络社会的崛起》一书中的界定最具有代表性。在卡斯特看来，网络社会是一个综合性的复杂概念，是一种历史趋势。在信息时代，社会的核心功能和运行过程是以一种网络化的逻辑组织起来的，网络建构了我们社会的新形态。这种网络化的逻辑从实质上改变了生产、经验、权力与文化过程中的操作和结果。虽然社会组织的网络形式早已存在于其他时空中，但新信息技术却为其渗透、扩张到整个社会结构中提供了物质基础。卡斯特称在所描述的这种网络社会中，网络并不是特指互联网。他所强调的是，社会是由相互连接的节点组成的网络。简·梵·迪克延续了卡斯特的观点，他认为网络社会（network society）的概念强调的是信息传递的形式和结构，其预示着社会和媒体的深层网状结构。因此，一个网络社会可以看作是一个在个体、群体和社会等各个层面上都以网络为社会和媒体的深层结构的社会。进而言之，不论是个体的、群体的还是组织的，其要素都通过网络联系在一起。① 社会是通过网络联系在一起的无数节点,这个节点可能是由社会中的个体、家庭、群体、组织构成的。在这一视角下,网络本身被视为一种新的社会整合手段,渗透社会的政治、经济、文化等各个方面。

世界历史学家麦克尼尔将世界史视为五个连续的世界网络。在这些网络中,语言、信息、产品、技术、思想、食物、种子、动物、疾病等都在不断地进行交流。这种交流不仅仅是为了满足生物学上的需求,更是为了提升生活条件。人类社会的发展是在竞争与合作中不断向前的,无论是竞争还是合作都对信息传播与分享有着高需求,而正是这种高需求推动着人类网络不断地扩张。因此,无论在哪个历史阶段,社会网络的发展都是和媒介网络的发展密切联系的。今天的全球网络已经实现了真正的全球化,这个全球网络连接起来的人口、信息交换的数量和速度都是先前的网络所无法比拟的。计算机网络的出现,可以被视为全球网络发展的最后阶段。在这个阶段,全球网络无法再继续扩张,逐渐向社会的内部渗透,个人层面、组织层面、社会层面都随之产生着变革与适应。

在个人层面,全球化的网络成为个体社会化的一个重要工具,加强了人们的社会交往和社会互动,深刻地改变了人们的认知方式和行为方式。在组织层面,原本封闭的组织内部结构被打破,外在的联系加入进来,传统的孤立组织重新融合进一个全球化的合作与竞争体系中。在社会层面,网络同样导致了大范围的摧毁与重建。一方面,计算机网络让人们摆脱了时间和空间的限制,参与更广泛的社会互动,整个社会朝着统一化、全球化方向发展;另一方面,人们继续在自己的家庭、社群、组织中生活和工作,甚至在计算机和互联网的帮助下缩小了必要的活动范围。在不同文化的作用下,网络社会比传统社会更加分散,社会在朝着多元化和个性化的方向发展,它的范围既是全球的又是本地的,简·梵·迪克将这种状态称为"glocal"。网络社会

---

① 简·梵·迪克:《网络社会——新媒体的社会层面》,蔡静译,清华大学出版社,2014年,第20页。

的成员,无论是个人,还是群体、组织,均不再局限于特定的时间和地点,在信息和传播技术的协助下,创造出虚拟的时间和地点,同时在全球和本地的条件下行动、感知和思考。①

三、网络社会与信息社会

在讨论新技术对社会带来的影响与变革这一议题时,与网络社会同样频繁出现且容易混淆的另一个词是"信息社会"(information society)。人类社会对信息的需求推动了信息技术的发展与全球网络的扩张,这个发展与扩张的过程也带来了信息爆炸。人类社会进入了一个信息社会。

信息社会是一种在各种社会活动中都具有高密度信息的新型社会。在信息社会中,信息成为社会的核心资源。信息生产与信息传播是经济发展的关键要素,同时符号、象征和意义等信息产品也主导着文化的发展,甚至关系着国家政治的较量,对社会政治与文化具有至关重要的影响。然而,英国学者弗兰克·韦伯斯特认为,更多的信息数量、信息产品、信息占有和信息工具等现象并不能概括信息社会的本质,因为信息是几乎所有社会建立的基础。为了更清晰地认识新的信息技术带来的改变,曼纽尔·卡斯特提出了"信息化社会"。信息化社会是一种特殊的社会组织形式,其中信息的产生、发展和传递成为物质生产和能量的基础来源,它强调的是当前社会转型的特征,即新的信息技术对政治经济及日常生活的渗透。而"信息社会"强调的则是信息的社会角色。②

正如我们不能因为信息在各种活动中的高密度存在就把社会认定为信息社会,我们同样也不能因为网络的结构就把社会称为网络社会。参考卡斯特对"信息社会"和"信息化社会"的界定,"网络化社会"比"网络的社会"更确切地概括了新型社会结构的本质。虽然

---

① 简·梵·迪克:《网络社会——新媒体的社会层面》,蔡静译,清华大学出版社,2014年,第35页。

② 曼纽尔·卡斯特:《网络社会的崛起》,夏铸九等译,社会科学文献出版社,2001年,第254页。

网络在信息技术出现之前的社会形态中同样存在,但卡斯特所认为的网络社会,不仅仅指网络这种结构逻辑的单纯存在,而且指它能够即时地在全球范围内、在社会生活各领域普遍存在。直到新信息技术出现,网络才以一种即时、普遍的方式,快速地扩展到整个社会结构中。没有这些新信息技术的支持,网络化逻辑将只是一种难以落地的理论逻辑,只有新信息技术才能有助于这种网络化逻辑的彻底实现。新的信息技术范式是网络社会的前提或物质基础。

在网络社会,物质能量与信息能够快速、有效地传递和交换,这个过程的关键便是信息化和网络化。信息化是网络化的前提和基础,网络化是信息化的高级阶段。只有当信息化发展到一定程度,网络化才有可能实现。卡斯特也曾指出,20世纪末出现的全球范围的新经济有信息化、网络化和全球化的特征。信息化指的是该经济体内的生产力和竞争力立基于能否有效生产、处理及应用以知识为基础的信息,网络化指的是经济增长与竞争是在企业互动的全球网络中进行的,全球化指的是所有经济活动及要素在全球范围内组织起来。因此,可以说信息化是基础,网络化是结构形态,而全球化是结果。关于信息社会和网络社会的关系,简·梵·迪克认为人类社会的演化是一个长期的过程。在19世纪的工业革命之后,西方社会的现代化逐渐演变为信息化。在20世纪,西方的社会结构、组织形式和传播结构一起将大众社会逐渐演变为网络社会。因此,现代社会是信息社会和网络社会到来的先声[①],但这又不是一个清晰的、有明确的历史开端和终点的过程。

可以看出,虽然共用同一个能指——网络社会,但其所指却有着截然不同的内涵。作为电脑网络空间的网络社会(cyber society),强调技术对社会的决定作用,关注媒介网络与社会网络、数字空间与现实空间的关系。此视角下的研究主要关注它的虚拟性与现实性,以及这种新型的社会结构与现实社会的关系,本质上是一种新技术视角

---

① 简·梵·迪克:《网络社会——新媒体的社会层面》,蔡静译,清华大学出版社,2014年,第35页。

下的技术与人、技术与社会的关系探讨。作为新社会结构形态的网络社会（network society），强调网络作为一种新的社会整合手段的作用，关注信息化、网络化对社会政治、经济、文化带来的影响。两种视角下的"网络社会"，指涉内涵不同，关注的现象与问题也不相同，因而我们在借用"网络社会"这一概念的时候，需要对其加以区分。

第二节 网络社会的多层次结构

一、网络的类型与特点

网络是自然与社会中复杂系统的组织模型。在自然和社会的简单系统中，元素间的关系是静态和分层级的。例如，原子、分子和它的化学表现是确定的，并且有特定的规律。变化意味着转化为另一种类型的单元。在生物组织中，各种元素会以更复杂的方式组织在一起，生物组织需要与环境进行能量交换并且适应环境以求生存。网络是组织物质和生物系统的相对复杂的方式。只要物质和生物系统中的联系松散，混乱就会产生。网络用独特的方式来联系各种元素，从混乱中建立秩序。

不论是复杂的物质系统还是生物系统，在各个层次上都存在网络。根据联结元素方式的不同，简·梵·迪克将网络划分为六大类：

（1）物理网络，包括自然系统、生态系统、流域网。

（2）有机网络，包括动物神经系统、血液循环系统。

（3）神经网络，例如人类的脑组织。

（4）社会网络，所有在抽象关系上有实际联系的社会组织。

（5）技术网络，人工制造的技术系统，如道路网、计算机网。

（6）媒介网络，由媒介系统，包括传送者、接收者和大量的象征符号与信息构成的循环网络。

网络社会（network society）所指涉的网络，是社会、技术和媒介网络相互关联，整合而成的新型社会结构。它们相互融合，一起确定了信息社会的结构,其中最核心的还是以媒介网络为支撑的社会网络。

二、多层次的社会网络

在社会的各个层次和各个子系统中,都能看到社会网络。社会网络可以分为四个层次,分别是个体网络、群体和组织网络、社会网络、全球网络。

最基本的层次是个体网络,注意这里强调的是个体关联而不是个体,因为元素和单元不是网络视点下的核心,关系才是。这一层次的网络包含了个体与家人、朋友、伴侣、同事之间的联系,这些联系建构起了个体的日常社会交往活动。随着媒介技术的发展,特别是进入电子媒介时代以后,手机、电子邮件、社交网络应用等不断更新换代,让整个社会网络都日趋社交化。

第二个层次是群体和组织网络。多个个体之间的关联创造出了多样化的群体关联。这些群体关联有些是偶然的、松散的,比如工作中的临时项目组或者是某一品牌的高级会员群。当这些群体关联基于某些理由需要长期固定下来,并形成角色分工和更为严谨的层级划分时,就构成了组织关联。所有制度化的群体关联都是一种组织关联,比如公司职工群、学校的学生会等。群体和组织必须建立在稳定、高效的信息沟通基础上,只有沟通与交流才能保证群体成员形成共同的群体意识,实现群体或组织的目标。快速发展的信息技术,一方面提高了群体和组织内部交流的质量和效率;另一方面也拓展了群体交往的范围,使群体、组织的规模和范围得到大大的提升,形成了全球性的群体和组织,如全球性的跨国集团和粉丝群体。

第三个层次是社会网络。个体、群体和组织有机联系在一起,就构成了社会。在整体的社会之下还会形成无数的子系统,在一个国家系统之下会分化出不同的社会部门,当这些社会体系和媒介网络相结合,便产生了相互关联又彼此独立的"小社会",如文化产业系统。在计算机网络技术和数字技术的推动下,现代社会还产生了众多具有独立生态系统的虚拟社会。全球性的社交软件脸书(Facebook),在

2019 年每月活跃用户已经超过 23 亿。来自全世界不同职业、不同年龄层、不同教育背景的人在这个网络空间中交往互动、建立联系，形成了超越国界的社会生态，即"网络公国"。

最后一个层次是社会与国际组织的世界体系中的全球网络。当下，我们已经进入了一个全球化的时代，真正实现了麦克卢汉所言的"地球村"。这是由不断扩大的社会组织、不断密切的国家交往创造的。这个不断深入的国际交往，离不开跨越时间和空间的全球化电子媒介系统和全球互联网的支持。

无论哪个层次的社会网络的维系，都离不开媒介网络的支持。媒介网络与社会关系网络的叠加形成了我们的社会网络。新技术的革命带来了媒介网络跨时代的革命，当然这种革命性的突破不会仅仅停留在媒介网络中，必然会渗透整个社会系统的政治、经济、文化。

三、社会网络的结构

正如前文所论述的，社会网络可以划分为个体网络、群体和组织网络、社会网络、全球网络四个层次。在每个层次内部，网络也不是单一的。在同一层次内部，系统与系统之间存在着竞争与协作。在不同层次的网络之间，个体与群体和组织、社会同样也存在着交叉联系。可见，社会网络并不符合我们对计算机网络的结构认知，它不是一个平等的、开放的扁平化结构，而是一个多层次的复杂结构。

社会学家孔托博罗斯在《社会结构的逻辑》一书中将组织模式划分为等级森严和等级松散两种模式。在等级模型中，下级层次肯定包含于上级层次之中。在这些层次中的单元简单聚集在一起形成更高层次的单元。个人相加成为群体和组织，两者相加形成社会。低层次的单元受到高层次的控制。在非等级模型中，上级层次并不完全包含下级层次，两者只是部分重合，因此上级层次也无法控制下级层次，层次与层次之间的影响是复杂的、不确定的。网络就属于这种非等级模型。在网络社会中，个体可以和他从属的家庭、不同的群体和组织建立联系，但他却不被任何一个群体限制，他可以在这些不同的社会网络之间自由地实现角色切换，甚至跳出这些网络，和他所从属的网络之外的陌生人建立新的联系。个体自身的关系结构受到多种因素的影响，但他又是灵活多变的，选择权和控制权在个体自己手中。这种视角可以帮助我们很好地理解网络社会中个体在社交网络或者网络社区的参与方式和心理。

对于网络这个复杂层次的结构，简·梵·迪克认为其层次不是并列的，而是每一个层次都根植于它的下一层，直到化学和物理层次。虽然在每一个层次，特别的性质总和这个层次（个体、群体和组织、社会、世界）相适应，例如个体的个性、群体的仪式、组织的集中化程度和社会的发展程度等，但是，同层次的或者层次内的分析并不充分，必须被跨层次的或者层次外的分析替代和丰富。也就是说，无论是对哪个层次的社会网络进行分析，都应该用一个更立体的视角，从层次内部和外部进行综合分析。

第三节　社会网络中的单元与联系

一个网络可以被界定为某个单元各要素间联系的集合。两个要素间的单个联系被称为关系；至少三个要素、两条联系才能组成一个网络。网络社会视角下，社会是由一组相互关联的单元组成的，网络组织体现着社会现实中单元之间和单元之内的各种关系。单元和联系成为分析社会的两个重要取向。

早期网络视角更倾向强调联系的重要性。比起实质，它更强调形式。这种视角下比较具有代表性的是源自自然科学和数学的社会网络分析以及六度分割理论，它们强调结点和纽带的结构形态，强调对关系链的分析，而不重视社会单元本身的影响，不重视社会单元是在什么样的背景下以什么样的方式参与网络以及这些社会单元的内部、单元与单元之间的关系又在发生着什么样的作用。如果我们只关注联系，而忽视人们运用和创造规则、资源和意义的行为差异，必然会让这种讨论停留在现象的表面，导致诸多矛盾的出现。比如，我们在讨论互联网对个体的广泛连接时，不得不考虑在不同的文化背景下个体对家庭、社群的不同依赖程度导致的交往意愿的不同；我们在讨论全球化网络在建立统一社会规范上的积极作用时，不得不考虑社会制度和文化差异导致的身份认同、角色塑造的差异；甚至我们在讨论互联网对信息传播的时间和空间的极限突破时，也无法忽略人类生理上的生物时差的客观存在。在网络社会视角下，简·梵·迪克认为我们应该选择一种适度的、有节制的网络分析方法，既关注联系，同时也关注相互连接的单元。不论是联系还是被联系着的单元的特征，都值得重视。

一、网络成为社会结构的基本单元

传统的大众社会是一个在个体、群体和社会等各个层面上都以群体、组织或者社团（大众）为社会和媒体的深层结构的社会。这一组织形式的基本要素是各种将个体组织起来的相关联合体，个体并不直接连接到社会网络中。卡斯特认为当网络社会来临时，网络成为个体融入整体社会的一个物质基础，网络替代群体、组织和社团而成为社会结构的基本单元。这一改变也导致了大众社会与网络社会在诸多属性上的差异，这些差异的转变过程也正是当下人类社会面临的巨变。

传统的大众社会中，个人的社会互动是从家庭开始的，家庭是构成社会的最基本单元。家庭扩大形成家族、氏族，逐渐形成部落、村庄。随着工业革命的推进，社会组织的规模进一步扩大，形成相对聚集的小规模城市以及大城市，人的社会交往范围随之一步步扩大。但是，在全球化的媒介网络出现之前，大众社会仍然是相似的单元的集合，人的社会互动仍然是与特定的地区、特定的人保持联系，信息的传播也具有明显的当地性。报纸、广播、电视等传统媒介的传播能力不同程度地受制于时间和空间，大众社会的成员在地理空间上相对聚集，因此在大众社会，每一个单元，像社区、家庭等只能接触到相对单一的大众媒体。例如，一个城市中的信息传播以一份当地报纸、一至两家本地广播以及少量的全国性电视频道为主流渠道。与现在网络社会的标准相比，大众社会媒体的数量相对较少，接收到的信息也相对同质，这为本地性、民族性生活经验与文化的形成奠定了基础。

当计算机、互联网开始普及，全球化的网络逐渐形成，个人的社会参与逐渐脱离家庭和社区，由线下面对面的交往转向线上交往。民族国家与社会之间的紧密联系慢慢在消解，新的信息传播技术使隐匿了身体存在的缺场交往成为一种普遍现象。缺场交往不仅超越了活动场域、村庄、城镇等物理空间的限制，也超越了由群体、制度、资源、权力和文化等因素构成的社会空间的限制。这种突破不仅仅引起了交往方式、交往范围、交往频率的变化，更引起了广泛而深刻的社会变革。家庭对于个体社会参与的影响逐渐减小，社区的边界逐渐消失，大型企业的部门分工越来越精细，企业的结构也越来越碎片化。个体虽然依旧在家庭、社区中生活和工作，但是每个个体接触到的媒体数量和类型越来越多，获取到的信息的差异也越来越大，通过互联网彼此相连的个体正在替代家庭、家族、社区成为社会的基本单元。

社会结构基本单元的改变意味着社会要素之间的关系也在发生改变。网络社会中，个体与群体、组织、社会之间的抽象关系和联结方式都在发生改变。

二、网络社会中的联系

在网络结构中，要素之间的联系又可称为关系。不同的学科视角下对关系的探讨差异较大。在这里，我们要讨论的是在信息技术的冲击下，社会结构基本单元发生改变之后，要素与要素之间、单元与单元之间的联结方式、联结结构的变化。社会学家马克·格兰诺维特在《弱关系的力量》中，将个体与个体间的关系连接划分为强关系与弱关系。强关系的构成者通知性较强、社会交往密切、情感连接紧密；反之，则为弱关系。

（一）内紧外松的传统社会联系

大众社会中，家庭、社区、村镇内部成员相对固定，人与人之间的交流主要依靠面对面的直接交流而不是间接交流，成员彼此之间相互熟悉，形成长期稳定的强社会关系。社会单元内部有一种联系紧密的内部结构。在社会单元的内部，传播的权力分配通常不均等，权力向少数人集中，传播的关系结构也呈现出一种中心化的趋势。构成单元的成员之间互动频繁，成员之间的包容性较强，极少被孤立或者排斥，因此大众社会也普遍具有团结的特征。

与之相对应的，是社会单元外部连接较少，其中单元与单元之间的性质接近，个体的社会交往主要集中在单元内部，较少跨单元流动。例如，在传统的村庄中，村庄内部的社会分工完整，社会成员在村庄内部相互合作，满足村庄内部的生活需求，实现村庄的稳定发展。彼此相邻的村庄与村庄之间性质接近，又相对独立，村庄与村庄之间只有少量特定的人员交往。在这样的社会结构中，单元与单元之间远距离、松散的弱社会关系形成。彼此互动较少，呈现出一种离散的状态。传统的大众社会中，社会单元之间的联系以弱关系为主，呈现出一种内紧外松的状态。

（二）社会联系的打破与重建

正如前文所讨论的，网络社会结构的基本单元逐渐由个体替代了家庭、群体、社区等。原有的社会结构单元被打破，碎片化、零散化地分布着。这意味着网络社会内部的联系密度相对较低，取而代之的是个体可以超越原有社会单元，自主选择和自己感兴趣的其他单元建立联系。联系的建立不再明显地受制于个体的生活空间和社会环境，网络社会的联络越来越多地依靠个体活动，个体积极地规划自己的生活，独立于现有机构或组建非正式的团体，社会变得更具流动性，更加不可预测，自由发展，无拘无束。个体逐渐网络化，网络也在日渐个体化。

网络社会中，打破原有社会单元而建立的新社会关系，比大众社会中的原生关系包容性弱，呈现出更强烈的弱关系特征。我们可能因为同一个感兴趣的话题在网络论坛中结识新朋友，或者因为某一次线上交易和卖家进行频繁交流。当对话题兴趣减弱或者交易结束时，这种线上的联结也就结束了。在个人化的网络社会中，联系的稳定性、忠诚度较低，个体必须找到自己的特有位置，在网络空间展示自己的价值和意义，否则将被孤立或者被排除在外。而在传统社会中，人们因为出身或者先天原因，可能一开始就属于大众社会中的某一部分，这种与生俱来的关系却不会因为短暂的中断而消失。比如，分隔两地的亲人和许久不见的朋友,那种感情联结不会轻易地结束。

网络社会中,单元内部传播权力被打破,成员间是一种较平等的互动关系,但这并不意味着关系中心的消失,呈现出绝对的扁平化,而是会在互动的过程中不断形成新的中心。网络社会的中心没有消失,它由大量中心代替。弱关系的增长也并不意味着强关系的消失。在网络社会中,社会单元内部原生的强社会联结仍然存在。虽然个体有了自主选择社会关系的可能性,但他们仍然有自己的家庭,仍然参与社会工作。只是这种原本的强关系联结可能变得更碎片化。此外,个体跨越单元的关系联结,也会促进不同单元之间的联结,加强他们各自所在的网络社会单元之间的联系。这种联结的加强,会使得原本的社会单元在竞争与合作中被打碎并形成新的社会单元,让受新技术的冲击而变得混乱的传统社会结构变为一种新的动态结构。

理查德·库奇和格雷格·洛克伍德在合著的《超级联络:网络的力量》一书中提出,一个网络是由紧密联系、弱联系和联络枢纽组成的。联络枢纽,就是许多弱联系或紧密联系的汇聚地。不同群体中的人因为共同的目的联系起来,形成家庭、企业、社团、族群和国家。人们可以加入各种各样的联络枢纽,也有权塑造和改变联络枢纽,或者启动属于自身的联络枢纽。在网络社会中,互联网就是一种完美的联络枢纽。互联网基于新信息技术的优势,整合社会网络与媒介网络而形成了包容一切的全球性网络结构。因此,网络不仅仅是社会网络的结构单元,也是一种联结着有各种特殊属性的单元或要素的模式和实体。简·梵·迪克将网络比喻为社会的神经系统,是一种协调各种社会单元与社会联结的枢纽。

当下,以数字技术、计算机技术、网络技术为核心的新信息技术革命日渐深化,互联网已经渗透到社会生活的每个角落,网络社会的到来已成为一个不可逆转和回避的事实。网络社会(network society)不仅是现代社会的一种新形态,更是一个学术分析视角。厘清网络社会的概念内涵,有助于我们更好地理解新媒介革命对社会政治、经济、文化等多方面带来的影响。荷兰传播学家简·梵·迪克在众多学者及其成果之上，提出了一个更加综合的网络社会视角。他认为网络社会是一种新的社会结构形式，网络是联结着有各种特殊属性的单元或要素的模式和实体，网络像神经系统一样联结起了各种社会要素，是网络社会形成的重要组成部分。

第二章 作为社会新基础的新媒体

21世纪下半叶,以计算机技术、互联网技术、数字技术为代表的信息技术革命席卷全球。基于互联网产生的各种新媒体飞速发展,不仅改变了传统信息传播的模式,也颠覆了人类社会传统的生活方式和思维方式,更冲击着最基本的价值观。人类在漫长的历史中积累的经验、建立的规则、达成的共识在新媒体时代都变得不再确定。社会原有的结构和秩序都被打破,我们在混乱和变革中重建秩序和规则。在网络社会视角下,新媒体的变革不仅仅是技术层面的革新,更是传播结构层面的重构。新媒体技术不仅重构了信息传播的形态和传播结构,更在深层次地影响着社会的结构。新媒体变革着社会,又重塑着社会,成为社会的新基础。

第一节 新媒体革命的本质

一、信息高速公路的兴起

18世纪以来,工业革命推动了全球的现代化浪潮。公路、铁路等把分散的人群紧密联系起来。从20世纪过渡到21世纪的几十年,新的"公路"以前所未有的速度修建起来,它不再针对物质运输,而是针对信息传播的通信网络——互联网(Internet)。这些更加抽象、几乎看不到的"公路"把我们更广泛、更紧密地联系在了一起。在个体层面上,网络已经主宰了我们的日常生活和工作。在社会层面,媒介网络、社会网络和经济网络已经蔓延到世界的各个角落,世界已经真正地建立了全球联系，网络社会已经到来。

毫无疑问，21世纪是信息技术的时代，新的信息技术是网络社会的物质基础。这一物质基础给社会及个人生活带来的巨大影响，远远超过历史上公路建设对商品和人员流通所带来的改变。在这个意义上，"信息高速公路"是一个很恰当的提法。信息高速公路的正式名称是国家信息基础设施（National Information Infrastructure，简称NII）。1992年，克林顿在竞选美国总统时将建设信息高速公路作为振兴美国经济的一项重要措施。1993年，信息高速公路被列入美国政府的建设计划。随后，日本、加拿大和欧洲的工业发达国家也相继推动这一计划。所谓信息高速公路并不是指用于实际交通的公路，而是指高速计算机通信网络及其相关系统。它通过光缆或电缆把政府机构、科研单位、企业、图书馆、学校、商店以及家用计算机连接起来，利用计算机、传真机、电视等终端设备，方便、迅速地传递和处理信息，从而最大限度地实现信息共享。在高速宽带的助推下，各种类型的新媒体层出不穷，呈现出一种爆炸性的增长，传统媒体受到了不可忽视的冲击与挑战，全球范围内都掀起了一股新媒体革命的浪潮。

二、传播革命的本质——集成、互动与数字化

在传播学中，互联网的发明和广泛应用被认为是继文字、印刷术、电报之后人类社会的第四次传播革命。互联网及其相关技术从技术上实现了多媒体的整合，从形式上实现了人际传播、组织传播、大众传播等现有的各种传播形式的整合。媒介泛化，各种新兴媒介相继涌现。新媒体的大规模出现被广泛认为是一次革命性的发展。简·梵·迪克则认为"革命"是一个很大的词，它在工业和技术的历史上都运用得过于轻易。事实上，每个被称为"革命"的变化都耗费了相当长的时间，因为主要的技术发展很少是革命性的，它更倾向于一种进化，经历一个相当长期的准备才会有创新出现。

在讨论新媒体的大规模出现到底是一场传播革命还是传播技术的自然进化之前，我们需要先探讨一下传播革命本身。历史上出现的几次传播革命，可以分为传播的结构革命和传播的技术革命。

在传播的结构革命中,时空关系会发生根本变化。正如英尼斯提出的,媒介是有偏向性的。媒介可以依附于固定空间进行传播,也可以促成不同地点间的传播。媒介可以固定于一个时间点,也可以把不同的时间连接起来。传播的结构革命就是媒介对时空关系的突破。文字的出现让人类的信息交流突破了时间限制,信息得以被准确记录,不再转瞬即逝。电报的出现则让信息传播的空间限制得到了极大的突破,跨越地理空间的远距离的交流不再困难。

在传播的技术革命中,信息的连接结构、记忆方式和内容再生产方式发生了根本性变化。在信息传播领域,第一次主要的技术革命发生在 19 世纪下半叶,它是基于远程有线技术、新的人工模拟技术和新的再生产技术而产生的。这次革命使文字、声音、图像的传播和接收方式都发生了质变。随后,电报、电话、广播、电视等媒介相继出现并得到广泛应用。第二次显著的传播技术革命是正在发生的数字革命。数字存储、传输和再生产技术的出现,再一次从根本上改变了文字、声音、图像的传输与接收方式,较之模拟技术,数字技术在信息的记忆、传输、储存以及内容再生产的质量和效果上都有了质的飞跃。

最近的传播革命——伴随着互联网的兴起而发生的新媒体革命,确实是一场传播革命吗?如果是,那么它是一场结构革命还是一场技术革命?它的质变发生在哪里?最近的传播革命首先是一场结构革命,基于全球性互联网的新媒体的出现意味着时间偏向和空间偏向的媒介间的界限消失了。不仅如此,新媒体与历史上的其他媒介不同,它已经超越了"连接时空的媒介"这种界定,成为线上与线下媒体的结合体。新媒体的这一特点不仅在特定的时间、空间中改变了传统的信息传播方式,还在互联网上创造出了一个新的社会空间。然而,这种消灭时空界限的变革真的是一种质变吗?新媒体在时空关系上的突破使我们可以随时随地和世界上任何人进行交流,它消弭了地理上的空间,使全世界真的成了一个联系紧密的"地球村"。这些突破,并不是从新媒体出现后才开始的。时空界限的突破、时空并存的追求,是人类媒介发展历史上长久的积累,在新媒体出现以后这个过程变得更快了。可见，在传播结构的变革上，新媒体并没有实现质的突破。真正带来质变的，或者说新媒体革命的关键，发生在传播的技术革命层面。

第二节 新媒体的界定与核心特征

新媒体如何区分于传统媒体？它在传播技术层面实现了哪些革命性的突破？它是如何对社会结构产生革命性影响，打破原有的社会秩序而成为新的社会基础的？在讨论这些问题之前，我们必须厘清新媒体的定义。

"新媒体"这个词的出现可以追溯到1967年，美国哥伦比亚广播电视网（CBS）技术研究所所长戈尔德马克发表了一份关于开发电子录像商品的计划书，将电子录像称为新媒体，"新媒体"一词首次出现，此后逐渐在美国流行，于20世纪70年代扩展到全世界。

学术界对于新媒体的定义众说纷纭，有人认为新媒体一直存在于人类传播史中，它只是一个相对概念。与它相对应的提法还有"多媒体""互动媒体"和"数字媒体"等。有人认为互联网既是新媒体的重要表现形态，也是新媒体的深刻发展动力，新媒体是与互联网相伴而生的。联合国教科文组织定义新媒体就是网络媒体。美国《连线》杂志则认为新媒体就是所有人对所有人的传播。更具体一些的，如熊澄宇提出，所谓新媒体，或称数字媒体、网络媒体，是建立在计算机信息处理技术和互联网基础之上的发挥传播功能的媒介的总和。宫承波则认为，门户网站、搜索引擎、虚拟社区、电子邮件、网络文学、网络游戏属于新媒体。而简·梵·迪克从新媒体的三个特征出发，对其进行了界定：新媒体是20世纪和21世纪之交具有综合、互动特性的运用数字信号的媒介。在对新媒体的众多界定中，这个界定能很好地帮助我们区分新媒体和传统媒体。比如就电视和手机而言，我们不能简单认为电视是传统媒体而手机是新媒体。因为传统电视是综合性的，包括声音、图像和文本，但它不是互动的，也没采用数字信号；老式手机是互动的，但又只能传递声音，而且是非数字化的。但新的

29

互动电视就是互动并数字化的。在简·梵·迪克的界定中，集成、互动、数字化是新媒体的核心特征，成为定义新媒体的三个条件。这三个核心特征也是导致新媒体发生与传统媒体不同的质变的关键点。

新媒体是电信传播、数据传播和大众传播在一个介质中的集成，是一种复合性的传播，因此它也常被称作多媒体。此种融合的结果是产生了一种综合性的高速网络，也就是宽带网络。这个融合需要两个革命性技术条件的保障：一是将所有媒体数字化，形成通用的数字信号；二是通过有线和无线连接的宽带网络传输。第一种技术使电信传播和数据传播的融合得以实现，第二种技术则对大众传播的融合起到了推动作用。这两种革命性的技术不仅推动了新媒体的诞生，也为网络社会的到来做好了准备。

互动的第一个层次，也是最基本层次，是传播中双方在空间上的共存，第二个层次是时间指向的共时性，第三个层次是交互双方在信息交换能力上的可能性和控制程度。这一层次的互动意味着需要对人与媒介、人与人之间的权力进行再分配，这也为新媒体打破原有社会制度和权力结构奠定了基础。互动的最高层次是参与者在精神层面的互动，是对传播内容的理解达成共识。一个特定媒介的互动水平是由以上四个层次综合决定的。

数字化虽然只是技术上的特征，但它对传播却有着根本性的影响。数字信号在计算机技术中的运用让模拟信号传输的方式被标准化的二进制代码取代，统一的数字信号传播一方面带来了内容的标准化，另一方面也增加了信息的传输密度。数字化带来的一个重要影响就是它打破了传播信息类别的界限，文本、图像、声音和视听节目可以通过转换为超链接的形式，按照读者、听众和观众的需要加以保存。

集成、互动、数字化，这三个核心特征决定了新媒体传播是多层次、多维度、实时、海量的，也决定了新媒体不同于传统媒体，其中信息传递的模式已经从单向的训示模式转变为协商、注册和交谈的融合模式，这样的模式既赋予了信息接收者自主选择的权利，又增强了传收双方在传播过程中的互动性。新媒体的这一传播模式鼓励个体在社会互动的过程中参与协商，这不仅促进了社会交往的互动，也说明传播的背后暗含着权力的博弈。从这三个核心特征，我们也能发现新媒体推动社会传播的深层次变革的潜力。

综合上述讨论，我们在这里给新媒体做一个界定，即新媒体是以网络技术、通信技术、数字技术为传输载体的复合性、互动式、数字化的媒体形态。

第三节　新媒体推动社会变革

在明确了"新媒体是什么"以后，我们需要知道的是新媒体相较于传统媒体，给我们带来了怎样的根本性变革。或者换一个角度来说，新媒体为何能产生如此大的影响，以至于它不仅仅带来了媒介传播革命，甚至推动着社会革命，为人类走向网络社会奠定了基础。

一、新媒体重塑社会结构

"我们塑造了工具，此后工具又塑造了我们。"每一种新的媒介的出现，改变的不仅仅是传播的空间和时间，还有我们的生活方式、思维方式、文化观念以及文化传递的方式。[①] 社会的基础结构在新媒体的影响下正在发生变化，与此同时，变化着的社会结构也在影响着新媒体，这种双向影响的过程又塑造了网络社会。

现实世界是一个三维空间，社会结构的维度可以划分为时间维度、空间维度和深度。新媒体对社会结构的重塑也体现在这三个维度上。人类历史上，每一次媒介技术的革新都体现在对时间和空间的突破上，这种突破在新媒体革命上达到了极致。以互联网为基础的新媒体改变了原本大众社会的连接关系，一方面，网络作为社会结构的基本单元，介入人际传播和社会传播，改变了人们原本的社会生活空间

---

① 周海英：《从媒介环境学看新媒体对社会的影响》，载《兰州学刊》，2009年第6期。

结构;另一方面,新媒体消除了公共领域和私人空间的界限,让个体的生活向着既无限扩大又日渐压缩的方向发展。

新媒体对社会的重构首先体现在对时空的拓宽上。安东尼·吉登斯将人类社会的时间和空间在历史进程中不断延长和变宽概括为"时空的距离化"①。时间与空间的变化非常抽象却又蕴含在网络社会的方方面面。美好的瞬间总是转瞬即逝,因此才显得格外珍贵。现在,在智能化的移动终端和无处不在的高速网络的帮助下,人们可以随时随地记录生活,将值得纪念的瞬间拍下来,上传到云端或者分享给朋友,信息可以被永久地保存,记忆得到了无限的延长。随着城市现代化的不断深入,人们的出行变得非常便捷,曾经遥远的距离也变得近在咫尺,再加上通信技术的高度发达,相隔遥远的人也可以实时通话或者视频连线,技术消除了距离带给人们的隔阂感。在全球一体化的时代,麦克卢汉的"地球村"不再是一个抽象的概念。这种时间和空间的消失,就是技术带来的时空距离化。新媒体让个体能够跨越时间和空间,参与更广泛的社会交往。

当然,时空距离化带来的并不全是积极的影响,技术总是具有两面性的。无限延长的记忆可能会让珍贵的瞬间失去意义,消失的距离也可能会让人们越来越孤独。虽然我们无法确定新媒体对时空的突破能在所有时候都带来积极的作用,但是新媒体赋予了人们选择的可能性,重要的不是是否要突破时间和空间的界限,而是实现突破的可能性。新媒体环境下,人类比历史上任何一个时空中都更有选择的权利。这个选择的权利在每个人的手中,这会给个体与个体、个体与群体、个体与社会之间的交往决策带来巨大的影响,进而改变社会关系网络的结构和密度。

新媒体高度渗透社会生活带来的另一个结果便是时空的社会化和私人化。这两个看似对立的发展方向,其实并不冲突,甚至它们是同步进行的。体现在现实生活中就是公共空间的无限放大和私人空间的

---

① R. L. Coser, "Modernity and Self-Identity: Self and Society in the Late Modern Age", *Social Forces*, 1992, Vol. 70, No. 5, p. 229.

极致压缩。公共领域和私人空间的界限日渐消弭，无处不在的网络让我们可以随时随地地参与社会交往，不再局限于特定时间和空间。但同时，我们牺牲的是私人的时间和空间，个体在新媒体环境中始终保持着"被需要"的状态，社会生活的前台被无限放大，后台被极致压缩甚至坍塌。

二、新媒体促进社会交往

正如上文所讨论的新媒体的集成、互动与数字化的特征，新媒体可以丰富个体与个体之间的人际交流形式，其突破时间、空间限制的特征也有利于扩大个体行动范围。从社会建构的角度来说，新媒体可以很好地促进社会交流。

然而，针对新媒体是否客观上具有这种能力的问题，学者们并没有轻易地达成一致。社会心理学方面的学者们早期的研究重点集中在媒体中介的传播与人际传播相比的局限性上。因为媒介技术发展遵循的基本逻辑就是使交往本身不断突破时空对身体的限制，因此大量学者认为网络交往是"无身体"的，是一种身体缺场的交流。[1]例如，肖特等人提出了"社会存在"这一概念，他们强调媒介传播是一种基于中介的传播，人际传播中所具有的社交性、热情、个人信息以及敏感在媒介传播中会受到限制。[2]媒介传播会过滤人际交往过程中至关重要的非语言符号和交往的环境因素。网络主体以各自的符号形式出现，同时失去其自然身份特征，而且身体是"离场"的。这里，"符号"的内涵和外延都发生了变化，而且更具有决定性的意义。网络空间作为一种符号化的信息存储库，实际上也就决定了人们在网络空间中的互动在本质上就是一种符号化的互动，数字在某种意义上决定了

---

[1] 金萍华、芮必峰：《"身体在场"：网络交往研究的新视角》，载《新闻与传播研究》，2011 年第 5 期。

[2] E. B. Parker, J. Short, E. Williams, "The Social Psychology of Telecommunications", *Contemporary Sociology*, 1978, Vol. 7, No. 1, p. 32.

人们的存在方式和交往方式。① 这类观点强调在新媒介的网络交往中，参与者不是作为人的主体，而是一种符号主体，交往者已经失去属于人的现实主体性，就像互联网发展初期热门的网络语言描述的那样，"在互联网上，没人知道屏幕另一端和你聊天的是人还是狗"。基于新媒体的社会交往是角色与角色、符号与符号之间的互动，并不是人与人之间的互动。

社会文化方面的学者们并不认可这种论调，他们强调主观的社会建构过程的发生。沃勒提出了一个"相对视角"，他认为根据不同的功能和背景，媒体的运用是不同的，这个选择是由人来决定的。斯皮尔斯和勒奥根据"社会身份理论"，认为媒介传播和人际传播的近似统一性是人们把自己整个社会的、文化的、个体的身份如同行李一样带进了网络传播。运用身份的想象和心理建构，最微小的暗示也足以弥补中介的不足。布尔迪厄、戈夫曼、吉登斯等社会学家提出，社会生活和个人的身体之间存在着一种内在而本质的联系。身体不仅仅是生理性的物理实体，也是社会性、精神性、文化性的存在。在新媒体作为中介的社会交往中，身体是可以在场的。马克·波斯特认为语言是一种描绘性的结构化权力，它构建言说主体，同时也构建作为言说对象的主体。他将这种主体构成观应用于对线上交往的分析中，认为网络交往的特征表现为：一是网络引入了游戏身份的新的可能性；二是网络消除了人际交往中的性别差异；三是网络动摇了原本的等级关系，以新的标准重新确立了交往的等级关系；四是网络分散了主体，使它在时间和空间上脱离了原位。这种观点证明了现实世界的社会文化对网络交往的影响一直存在。新媒体技术不仅可以用线上的媒介交流替代线下的人际交流，还能拓展人际交流的形式和范围，为社会互动提供更多的可能性。

---

① 何明升、白淑英：《网络互动：从技术幻境到生活世界》，中国社会科学出版社，2008年，第36页。

三、新媒体参与社会治理

我们在前文讨论新媒体的互动性特征时,就已发现新媒体的互动性暗藏着对传播权力的分配。权力的分配是新媒体设计和使用的基础条件,也是新媒体参与社会互动的必然结果。新媒体作为中介参与社会互动,既可能带来权力分化,也可能导致权力集中。

在个体层面,新媒体的传播结构的开放性和平等性,赋予了每个使用者权力。这是一个鼓励个体参与协商和对话的系统,它给我们提供了一个更加直接、更加容易参与的民主社会类型。这个特性,让新媒体成为非常高效的社会治理工具。新媒体通过议程设置反映民意舆情,干预社会舆论,成为影响政治治理的重要力量。近年来,在以微博为代表的社交媒体上,热点事件层出不穷,引发了广泛的社会讨论,为公众进行社会监督和参与社会治理提供了很好的机会和平台,成了表达民意舆情的重要渠道。新媒体平台还建立了成熟的社会救治体系和社会公益体系,汇集个体微小的力量,集中帮助有需要的人群,如微博免费午餐项目已经持续了九年,该项目利用网友的众筹捐款为贫困地区儿童提供营养午餐,给予爱心关怀。

在组织层面,新媒体正在改变着组织内部的权力关系结构。尤其是在网络社会中,全球化的跨国企业人员庞大、业务种类繁多,合理利用新媒体进行组织管理,对提升合作效率、增强企业竞争力有着非常积极的作用。此外,在看到新媒体对使用的赋权的同时,也需要警惕在自由、开放的大众传播网络中,新媒体也可能导致权力的集中。技术不全是中立的,在缺乏监管的环境中,新媒体也可能被技术和资本操控,形成对公众的数字霸权主义。

社会和媒介网络整合在一起,连接着个体、群体和组织,以及整个社会,多维度地对社会网络结构产生着影响。新媒体不仅改变了信息生产和传播的模式,也改变着人们的思维方式和行为方式,更从根源上重塑着我们的社会结构。

18世纪的工业革命推动了全球社会向现代化转型,21世纪的信息技术革命推动着全球社会向网络社会转型。新技术是网络社会的物质基础，基于网络技术、计算机技术、数字技术的新媒体具有集成、互动、数字化的特征，新媒体不再仅仅作为一种媒介形态承担社会分工中的信息传递功能，而是成为网络社会中人际传播与大众传播的中介。人们通过新媒体介入社会交往，新媒体对网络社会中的个体的思维方式、行为模式都有着深刻的影响。新媒体的崛起给社会政治、经济、文化、教育等各个部门都带来了不可忽视的冲击，参与社会关系和结构的重构，成为社会的一个组成部分。作为社会结构的一部分，新媒体技术又必然会受到社会结构变化的影响。这个双向影响的过程动态平衡、不断渗透，最终把我们的社会引入网络社会。

第三章　从解蔽到座架：论人工智能时代技术与人的互构与互驯

当前，人类社会正处于 Web 2.0 与 Web 3.0 的交替之际。Web 3.0 预示了一种全新的技术范式与时代景观。如果说 Web 1.0 和 Web 2.0 的关键词分别是"网络化"和"数字化"，那么 Web 3.0 的关键词就是"智能化"。①而所谓智能化，最为突出的表征便是人工智能。如果说在"前 Web 3.0 时代"，技术更多地被界定为"工具"这一对象物层面，那么，伴随着 Web 3.0 而来的智能化时代，技术无疑已经与作为主体的人融为一体，进入关涉人类生存与未来走向的主体性层面。正如尤瓦尔·赫拉利所言，"人工智能不仅仅是 21 世纪最重要的科学进化，也不只是我们人类历史上最重要的科学进化，甚至是整个生命创始以来最重要的原则"②。在人工智能时代，有机生命会逐渐被无机生命替代，碳基智慧将与硅基智慧并存，这一切促使人类重新审视人与技术之关系这一无法回避的时代话题。

第一节　"人－技"关系：技术哲学的基本命题

实际上，对技术与人的关系的探讨，早在古希腊时期就已出现。

---

① 喻国明、刘瑞一、武丛伟：《新闻人的价值位移与人机协同的未来趋势——试论机器新闻写作对于新闻生产模式的再造效应》，载《新闻知识》，2017 年第 2 期。

② 尤瓦尔·赫拉利：《人工智能崛起后无机生命逐步替代有机生命》，澎湃新闻，2017 年 7 月 7 日，http://www.thepaper.cn/newsDetail_forward_1727143。

古希腊和古罗马时期，人类社会就已经形成了一个"由耕种、纺织、制陶、运输、医疗、统治以及类似的不计其数大大小小的技艺和技术组成的粗俗世界"①。这一时期，早期哲学家们就已经开始了他们对技术与人关系的思考，如阿那克萨戈拉关于"人是一种技术性存在"的认识。他认为，在体力和敏捷上，人比不上野兽，但人能使用自己的经验、记忆、智慧和技术，从而超越野兽。② 该观点肯定了技术在人区别于动物这一关系中的重要性。柏拉图在《斐德罗篇》中描述的塞乌斯与萨姆斯关于文字发明的辩论也表达了对技术与人关系的早期思考。尽管在很长一段时间，技术被视为"形而下"的事物而未得到正确认知，但对技术与人关系的探讨已经上升到了哲学的高度。此后逐渐兴起的技术哲学也从侧面证明了哲学思维在解答这一问题中的重要性。

技术哲学的基本问题是人与技术的关系问题。③ 恩格斯指出，全部哲学，特别是近代哲学的重大的基本问题，是思维和存在的关系问题。④ 思维和存在的关系问题就是人与世界的关系问题。在技术哲学这门年轻却最重要的哲学分支学科中，海德格尔无疑是一位影响深远的先驱。不同前人，海德格尔对技术的反思是存在问题由学术研究向现实的回归，是技术由工具功能向目的功能的转向，是主体与客体的两分向主体与世界的连接的发展。⑤ 他把技术视为哲学的中心问题，强调从存在主义的意义上探寻技术的本质，并由此对技术与人的关系进行观照。正是由于他在技术及"人-技"关系哲学思考层面的卓越

---

① 詹姆斯·E·麦克莱伦第三、哈罗德·多恩：《世界史上的科学技术》，王鸣阳译，上海科技教育出版社，2003年，第101～102页。

② 北京大学哲学系：《西方哲学原著选读（上卷）》，商务印书馆，1981年，第40页。

③ 陈文化、谈利兵：《关于21世纪技术哲学研究的几点思考》，载《华南理工大学学报（社会科学版）》，2000年第2期。

④ 中共中央马克思恩格斯列宁斯大林著作编译局：《马克思恩格斯选集（第4卷）》，人民出版社，1995年，第219页。

⑤ 林慧岳、黎昔柒、夏凡：《海德格尔人与世界关系的思想及其当代启示》，载《淮阴师范学院学报（哲学社会科学版）》，2011年第6期。

成就，所以任何对技术哲学的历史的或批判的考察，都不可能承受得起对海德格尔的忽视。在人与技术的关系面临颠覆与重组的人工智能时代，海德格尔的技术哲学思想对重新审视人与技术的关系问题无疑具有重要的理论指导意义。

正如上文所言，人与技术作为相互联系的一组对象处于复杂的关系网络之中。这一关系并非传统的主客体二元论所宣扬的主体对客体的占有与支配，或者客体对主体的压倒式反作用与威胁，而是在多种客观因素作用下，处于多元关系网络之中的互动。换言之，技术与人彼此适应，相互重构，技术无法还原为离散数字序列或与生活割裂的"使用"对象，而生活也不复是原来的模样。① 因此，对人与技术关系的探讨是一个复杂的课题，不能简单地一概而论，故下文以二者之间的互动关系作为切入点，并将其划分为"互构"与"互驯"两个维度进行探讨。简而言之，"互构"是指人与技术之间的相互促成与建构，而"互驯"则指在互动过程中二者互相适应与驯化的现象。我们以海德格尔的技术哲学观为依托，立足"互构"与"互驯"两个切入点，以期通过批判的视野重新审视人工智能时代的技术发展及"人－技"关系的新走向。

第二节　互构：技术与人互依共存

人与技术是复杂的相互依存、互相建构的关系。在海德格尔看来，技术的本质是"座架"，存在只是"座架"上的持存物，"技术的座架"是人存在的前提。这里的"技术的座架"，是指技术和围绕技术的一系列的制度和文化，构成一个绵延不断的整体，它在很大程度上已经嵌入人存在的前提。海德格尔反对把技术和人分割开来，认为技术和人的存在互为一体。我们在考察技术时，实际上就是考量人的存在。在这里，技术不只是一种工具和手段，它还具备改造和建构社

---

① 潘霁：《恢复人与技术的"活"关系：对"使用与满足"理论的反思》，载《国际新闻界》，2016年第9期。

会存在和社会关系的力量，人也不仅是发号施令的主导者，而且是与技术共生的有机体。技术与人的这种互为一体，使得二者形成了匹配关系，摆脱了二元对立的束缚，从更深刻、更复杂的层面上实现了互相建构。

一、技术解蔽真理，使真理得以显现

在《存在与时间》一书中，海德格尔通过锤子的比喻将人与工具的关系描述为两种，即上手（ready-to-hand）关系与在手（present-at-hand）关系。"对锤子这物越少瞠目凝视，用它用的越起劲，对它的关系也就变得越原始，它也就越发昭然若揭地作为它所是的东西来照面，作为用具来照面……我们称用具的这种存在方式为当下上手状态。"① 海德格尔认为，通过"上手"的事物，人与世界的关系得以揭示。从这个意义上说，技术实际上成为一种存在论意义上的揭示世界的方式。此后，海德格尔在《技术的追问》一文中进一步对技术的本质进行了讨论，他在开篇即指出："当我们问技术是什么时，我们便在追问技术。"那么技术的本质为何？海德格尔首先援引了前人对这一问题的两种回答，即"技术是合目的的工具"与"技术是人的行为"。他认为既有的对技术本质的定义实质上是将技术视为一种工具，技术的工具论虽是正确的，但并非真实的，若仅将技术视为一种中性的事物，一种工具，那么"它将使我们对技术的本质盲然无知"。他在此基础上进一步论述，正如存在的本质并不是存在者一样，技术的本质也绝不是什么技术因素。技术的本质应当是一种解蔽方式，"技术乃是在解蔽和无蔽状态的发生领域中，在无蔽即真理的发生领域中成其本质的"②。

技术作为一种解蔽方式是以存在的被遮蔽为前提的，也即存在本身无法自明，必须通过技术才能去除遮蔽，并使得真理得以显现，使

---

① 马丁·海德格尔：《存在与时间》，陈嘉映、王庆节译，生活·读书·新知三联书店，1987年，第86页。

② 马丁·海德格尔：《演讲与论文集》，孙周兴译，生活·读书·新知三联书店，2005年，第12页。

存在者得以存在。现代技术亦是一种解蔽的方式,人工智能本身就是"硅基智慧"这一智慧形式被技术解蔽的产物。"硅基智慧"区别于人类的"碳基智慧",是以人工智能为代表的智慧。这一智慧形式长期以来仅停留于人类的想象之中,而无法在认知范畴得以证实和显现。"硅基智慧"的被遮蔽导致人类对"人-技"关系认识的局限,即无法突破主客体二元结构论的思维限制而从复杂系统的视角来审视二者之间的关系。人工智能时代,技术对"硅基智慧"的解蔽导致既有的存在物及其关系与秩序被颠覆,世界以前所未有的面貌重新展现,从而打破了人类一直以来以"万物之灵长"自诩的"智人"认知,促使人类开始重新审视自我与他者的关系。如果说人工智能时代的到来开启了人类历史的新篇章,那么,对"硅基智慧"的解蔽则是序言。这种解蔽所带来的人类世界方方面面的改变已经深刻影响到人类的思维与认知、自我审视与关系重组,并在更广、更深的层面重塑着"人"这一此在。这是人工智能时代从哲学认识论层面带给当前社会的反思基点。

二、技术作为人同客观世界发生关联的桥梁

技术作为一种解蔽方式,在使存在者存在的同时,也将人同客观世界勾连起来,为人提供了同客观世界相关联的桥梁。海德格尔在论述人与工具的"上手"与"在手"两种关系时,指出"通过工具,人得以同客观世界发生关联,从而肯定客观世界的存在"。例如,通过飞机可以飞行这一现象,空气浮力这一存在得以解蔽,人同万有引力这一客观世界中的存在物发生了关联,更好地认识了世界与自己。海德格尔认为"人通过从事技术而参与作为一种解蔽方式的订造",在这个意义上,技术一旦具有解蔽的内在本质,也就无法不被视为一种人与客观世界沟通的中介。换言之,只有借助技术,存在在得以解蔽的同时,才能与人建立认识与被认识的关系。这与海德格尔早期对"此在"与"存在"的论述一脉相承。

人同世界的关联,其实质是一种关系。通过建立某种关系,多个客观对象之间形成了一种互动效应,对象在此基础上对彼此加以形

塑。因此，技术通过在人与客观世界之间建立联系而形塑了人，也必将从一定程度上对人进行建构。如前所述，人工智能时代，"硅基智慧"的出现让越来越多的存在被解蔽，伴随解蔽而来的则是人与客观世界不断建立的多重关联。2008年，谷歌（Google）推出了"谷歌流感趋势"（google flu trends）服务，这是一个依赖于算法的智能系统，通过对所监测的搜索内容进行分析，追踪流感爆发的迹象。尽管这项技术目前尚未成熟，但其已经能比传统医疗体系早十天发出流感警报。正是利用这一技术，人类得以对流感这一存在进行解蔽，从而在即将到来的疾病与人之间建立联系，让人类更好地认识并预防流感。这仅仅是人工智能时代利用算法解蔽存在的众多案例之一。当前，无论是运用于医疗、媒体等行业的机器人诊断、机器人写作，还是诸如生物学、遗传学等领域内的DNA测序等，都在很大程度上在人类与客观世界之间搭建了认知与被认知的桥梁，人类在这一认知关联中，不断改变策略、规避风险、提升自我，寻求自我与世界的更为和谐的关系。

三、通过技术，主体得以思考解蔽自我的方式

海德格尔认为，现代技术也是一种解蔽方式，但不同于古代技术，在现代技术中起支配作用的解蔽乃是一种促逼（Herausfordern）。这种促逼向自然提出蛮横要求，要求自然提供本身能够被开采和贮藏的能量。海德格尔进而以"座架"（Ge-stell）一词来命名被促逼着的要求，"这种要求把人聚集起来，使之去订造作为持存物的自行解蔽的东西"[①]。在座架的支配下，没有什么东西，包括人自己，能够以其本来的面貌出现，它的存在的真理被遮蔽起来了。换言之，在座架的驱使之下，不仅是存在，包括人类这一此在都无法真正地解蔽自我、认识自我。用海德格尔的话来说，"今天人类恰恰无论在哪里都不再碰得到自身，亦即他的本质。人类如此明确地处身于座架之促逼的后

---

① 马丁·海德格尔：《海德格尔选集》，孙周兴译，上海三联书店，1996年，第937页。

第三章 从解蔽到座架：论人工智能时代技术与人的互构与互驯

果中，以至于他没有把座架当作一种要求来觉知，以至于他忽视了作为被要求者的自身，从而也不去理会他何以从其本质而来在一种呼声领域中绽出地实存，因而绝不可能仅仅与自身照面"[1]。因此，在海德格尔看来，在技术的作用下，人类身处座架的促逼之中，自身也已经成为一种持存物而无法认识真正的自我。倘若人类失去自我，那么人类存在的意义何在？这是对技术与人之关系的一种具有警示性意义的思考和追问，由此，海德格尔促使人类面对自我，思考解蔽自我的方式。

如果说 web 1.0 与 web 2.0 时期，技术对人的促逼还未能达到促使人类思考人之为人的前途命运的程度，那么，在以人工智能为代表的 web 3.0 时代，对这一问题的思考已经迫在眉睫。人工智能时代，技术已经无孔不入地渗透人类的生活，技术的座架也已经潜移默化地在人的思维深处发挥作用，甚至已经影响到人类认识世界与认识自我的方式。人工智能时代的一大特征便是一切皆可量化。依靠服装、手环、鞋子、眼镜等智能设备，人类能够随时随地监测各项身体机能，并转化为数据加以记录。而一切皆可量化，就意味着人类将成为"数字的人""虚拟的人"，成为一种物化的存在，而世界也将变成数字化的世界。此时，人类对自己的认知将建立在依靠技术采集到的数据之上，而非自我或他人的意识。一旦这种"量化自我"系统出现问题，"我是谁？"将再次成为一个世纪难题。不仅如此，当深陷技术的座架之中，人类将无法摆脱对技术的依赖，人的思维方式也将受到技术的侵扰，从而无法按照自由意志行事，成为受座架支配的工具。在人工智能时代，人被更深地遮蔽而非解蔽了。面对这一问题，海德格尔的警示使人类能够在同技术打交道的同时，保持警惕之心，思考技术之利弊得失，从而透过技术的重重魅影探寻人之本质。

---

[1] 马丁·海德格尔：《演讲与论文集》，孙周兴译，生活·读书·新知三联书店，2005年，第27页。

第三节 互驯：技术与人无限博弈

分析海德格尔的技术哲学不难发现，其对技术的讨论更多着墨于技术作为一种座架对人的促逼。也因此，解蔽只是技术浅表层次的本质，座架乃是技术的深层本质。从解蔽到座架，不仅仅是海德格尔对技术本质思考的深化，更是探讨人与技术关系不可忽略的深层面向。而长期以来，学界对技术的研究忽视了海德格尔的理论，转而从人的主体性地位对技术加以批判，从而遮蔽了技术与人关系中互驯的一面。正如胡翼青所言："表面上看，批判对技术的盲目崇拜确实很有必要，但如果因此无条件地承认人的主体性并认定不存在技术对人的反作用甚至是倒逼，那就形成了一种学术话语霸权和意识形态。"[①] 胡翼青的这一论断实际上包含了两个面向，其一，"人-技"关系中人的主体性地位；其二，技术对人的反作用。这两个面向是我们探究人与技术相互驯化关系的前提。

一、人对技术的对象性使用及形塑

毫无疑问，海德格尔是不赞同以技术的工具性论调来指代技术本质的，正如上文所言，他认为技术工具论是正确的，而非真实的。所谓"正确"是指"在眼前讨论的东西中确定某个合适的东西"[②]。海德格尔的这一论断建立在探寻技术本质的基础之上。但他在坚持探寻技术本质之时，并未完全否定工具论作为某个合适的东西的合理性，也即工具性尽管不是技术的本质，但也是适合技术存在的"某个东西"。实际上，自人类有意识地使用技术以来，技术就包含着"合目的性"的工具基因。例如，模仿人类手掌而制造的盛水器皿，模仿人类拳头而制造的锤子，等等，都是为了满足人类的工具性需求。也因

[①] 胡翼青：《为媒介技术决定论正名：兼论传播思想史的新视角》，载《现代传播（中国传媒大学学报）》，2017年第1期。

[②] 马丁·海德格尔：《海德格尔选集》，孙周兴译，上海三联书店，1996年，第926页。

此，人类对技术的使用天生带有对象性意向，而这种对象性反过来又形塑了技术的样态。

让技术适应人类需求而做出改变，其实质便是一种驯化。这一驯化过程伴随着人类社会的发展和技术的进步而发生，二者相互交织与渗透，融为一体。从这个层面而言，当前的人工智能时代乃是长期以来技术被工具化使用的结果。然而，在人工智能时代，技术的发展已经进入一个全新的阶段。未来学者凯文·凯利在其著作中一再强调"机器生物化"这一核心观念，并认为技术必然趋向于发展为"类人"系统，实际上这便是对现代技术，尤其是人工智能时代技术发展现状的描述。具体而言，如果说前人工智能时代，人对技术的驯化仅仅是对人体个别官能的模仿，那么人工智能时代，这一模仿已经脱离单个官能，而成为对作为整体的人乃至人的思维意识的模仿。也正是在这一过程中，技术得以以更高形态呈现在世人面前，"硅基智慧"得以出现。这也是在技术与人的关系中，人的主体性的充分体现。但人工智能时代，人的这一主体性地位正在遭遇挑战。尤瓦尔·赫拉利在"未来进化"首届 XWorld 大会上谈论人工智能与人的关系时曾言，人工智能与人类最大的区别在于人是有意识的动物。但这正是我们面临的风险，或许是最大的风险。换言之，正是这种无意识使得人工智能始终以目的为导向而不带有人情味，未来人类在人与技术关系中的主导性地位将有可能受到挑战。但在赫拉利看来，就当前而言，没有人会知道未来是什么样，一切悬而未决，未来有很多种选择，关键在于人类扮演怎样的角色。然而无论如何，人工智能时代的到来，必将警示人类对人与技术关系中的主体性地位加以反思，人类是否会在未来丧失对技术的驯化地位而沦为技术的附庸，是这个时代赋予人类思考的课题之一。

二、技术作为一种座架对人的异化

与人作为主体对技术的驯化相对应，技术对人同样有着反向驯化的作用。在海德格尔的论述中，这种技术对人的影响集中体现为座架对人的促逼。海德格尔指出，就人本身已经受到促逼、去开采自然能量而言，这种订造着的解蔽才能进行。如果人已经为此受促逼、被订造，那么人不也就比自然更原始地归属于持存吗？① 也即在技术的促逼之下，人已经成为被订造的对象，成为持存物。这种促逼不仅针对自然界，同时也针对人，使人的存在受到限制和扭曲。当人只通过"座架"解蔽来让存在者显现时，他也在根本处遮蔽了自己的本性。② 人的所有行为都只是在完成座架的指示与任务，被彻底物化了。在这个意义层面，促逼不仅使得人的本质被遮蔽，而且也已经将其异化。海德格尔从存在与存在者的角度分析异化的产生，并指出"人被技术异化的根源就在于人追逐存在者，遗忘了存在"，因此，要想摆脱这种异化，"人类应当让技术回到为人服务、让人回到自己此在中去，回到此在本身是摆脱技术异化的根本"。③

海德格尔从技术哲学的角度对人的异化问题进行了观照，实际上，这一问题也是人工智能时代人与技术直接相遇之后无法回避的问题：人不可避免地被技术驯化了。人工智能时代最大的特征便是人与技术融为一体，人身处技术之中，依赖甚至依附于技术，而技术无孔不入，成为新时代的"全景敞视监狱"。由技术建构的"全景敞视监狱"已经不满于停留在监视层面，而是企图对人类加以摆布。例如，智能翻译器的出现大大解决了人类语言沟通问题，但同时也造成人类语言学习能力的下降；智能导航系统的出现方便了人类出行，却导致更多的"路盲症"的出现；同样，无人驾驶汽车的出现，在解放人类双手的同时，也使人类成为听命于机器的附庸；算法在更好地记录并量化个人需求的同时，也导致人类沦为丧失自我抉择能力的"物化"存在；等等。这些案例包含一个相同的指向，即技术在给予人类某种利益的同时，也从人类那里窃取了部分功能。麦克卢汉曾言，媒介是

---

① 马丁·海德格尔：《演讲与论文集》，孙周兴译，生活·读书·新知三联书店，2005年，第16页。
② 周立斌：《从"物化"到"座架"——试论海德格尔现代技术批判理论的哲学轨迹》，载《东北大学学报（社会科学版）》，2007年第2期。
③ 张天勇：《技术异化与现代性的走向——海德格尔与鲍德里亚的视域》，载《科学技术哲学研究》，2015年第2期。

人体功能的延伸，但实际上，麦氏观点不止于此。在《理解媒介：论人的延伸》一书中，麦克卢汉指出，任何一种感觉的延伸都改变着我们思想和行为的方式，即我们感知世界的方式。当这种比例改变的时候，人就随着改变了，因此，任何发明或技术都是人体的延伸或自我截除。① 人工智能时代，技术已经不仅仅是人体功能的延伸，而且成为人体功能的"窃取者"。人类迫于人工智能的侵蚀而不得不被动做出改变，出让自身机能作为技术发展的筹码。人类的这种受制于技术驯化的改变，实际上正是人被异化的鲜明体现。

三、座架作为一种思维方式的危险性

海德格尔的技术批判思想带有浓厚的存在主义、人文主义的乡愁忧思和浪漫情怀，尽管他本人拒绝存在主义者的头衔。② 这种人文主义集中体现为其对技术之本质及其危险性的反思。在《技术的追问》一文中，海德格尔对作为技术本质的座架进行了批判。他认为，座架这种现代技术去除遮蔽的方式乃是最危险的。因为这种对遮蔽的去除实际上是建立在遮蔽一切的基础之上的。在海德格尔看来，座架不仅遮蔽着现代技术之前的解蔽方式，而且还使得解蔽本身也被遮蔽，甚至无蔽状态以及真理存在的方式也都被遮蔽了。座架这种遮蔽一切的特性导致它成为最极端的危险，"不仅对一切人来说是这样，而且对一切解蔽本身来说也是这样"③。韩连庆将座架视为一种类似思维方式的无形存在，这种思维方式伴随着技术的促逼而深入人的意识之中，并作为一种规约规定着人类的行为。

海德格尔指出，对技术的"座架"式的思考已经蔓延至人类生活的方方面面，从经济、社会到政治领域，无处不在。实际上，现代社

---

① 马歇尔·麦克卢汉：《理解媒介：论人的延伸》，何道宽译，商务印书馆，2000年，第80页。
② 布鲁克·诺埃尔·穆尔、肯尼思·布鲁德：《思想的力量：哲学导论》，李宏昀译，上海社会科学院出版社，2009年，第190页。
③ 马丁·海德格尔：《海德格尔选集》，孙周兴译，上海三联书店，1996年，第951页。

会惯用的信息化、自动化、智能化甚至是官僚主义化等都是这一思维方式的体现。在人工智能时代，这种由座架构筑的思维方式更为明显。人类已经习惯技术主导的思维方式去解决遇到的一切困难。当机器部件损坏，我们宁愿替换而非维修；当身体遭遇病痛，我们宁愿依赖现代技术也不愿加强锻炼。这种一切依赖于技术的思维方式逐渐促逼人类逐渐摒弃主观能动性及背后的创造力，进而转变为一种投机取巧、被动懒惰的生物。这一思维成为定式，其背后的危险才刚刚来临。正如流水线这一现代技术的发明不仅使得人们可以批量生产产品，更使得人类开启了电影、教育领域的流水线生产一样，人类对人工智能技术的依赖同样会带来不可避免的困境。因此，从座架作为一种思维方式的危险性入手对人工智能时代的诸多问题进行反思，是海德格尔技术哲学在新时期的现实意义。

正如对技术的讨论实际上是对人的讨论一样，对技术与人之关系的讨论，其实质是对人这一存在者之存在与发展的讨论。因此，无论是"互构"还是"互驯"，终极问题都在于通过"人－技"关系的表征来探究人之于技术与技术之于人的平衡与和谐的可能性。毋庸置疑，海德格尔的技术哲学思想中有关技术本质的论断，对于审视人工智能时代的技术发展仍具有不容忽视的阐释力与理论价值，其"技术解蔽观"仍然是我们认识技术的重要视角。但与此同时，我们也应看到海氏对于"人－技"关系思考的历史局限性，更进一步来说，其尽管对技术之本质的基础论断独具慧眼，但对本质之外又将如何、"人－技"关系走向何如这一系列问题却无力回应。

在海德格尔这里，技术作为一种座架，不仅是对技术本质的界定，更是对"人－技"关系探讨的前提。在技术的座架之本质下，人必然会遭到促逼，人的本质必然会被遮蔽，且这种促逼伴随着技术的发展会越来越紧迫而非消失。海德格尔将此种由技术座架带来的"人－技"关系的失衡称为"极端危险"，并试图通过艺术来对抗这一危险。因为"艺术乃是一种唯一的、多样的解蔽，艺术是虔诚的，是顺从于真理之运作和保藏的……艺术并非某种文化创造的领域"①。艺术由于所具有的这一特性而是一种诗意的存在,能够让潜藏于深处的真实的东西也即存在本身纯洁地闪现出来。

无疑,海德格尔的批判理论是在技术之外去寻求抵抗技术的策略。然而,人工智能时代,一切皆被颠覆,艺术作为庇护人类免受技术之威胁的圣殿地位也遭到了质疑。在《未来简史》一书中,尤瓦尔·赫拉利表达了对艺术地位丧失的担忧,"从生命科学的角度来看,艺术并不是出自什么神灵或超自然灵魂,而是有机算法发现数学模式之后的产物。若真是如此,非有机算法就没有理由不能掌握"②,这无疑是对海德格尔式的艺术本质论的一种科学范式主义的解构。因此,将艺术作为人类逃避技术威胁的圣殿的观点已经无法适应人工智能时代技术发展的现实环境。实际上,任何逃离技术本身,或将技术与人对立起来而探讨技术及"人-技"关系的论断,都将无法触及问题的根本。

也正因如此,海德格尔的技术哲学观在为我们提供审视技术的有效进路的同时,也反过来警示我们对于已有"人-技"关系思想的反思,即人工智能时代的到来为"人-技"关系提供了无限的可能性,技术与人的融合已经成为不争的事实,对于二者的任何对立、单一、孤立的审视视角都已经无法契合当前"人-技"关系的新走向。探究"人-技"关系必须观照人类、直面技术,保有批判与发展的眼光,在二者发展的路径及演化的环境中寻求解析之道。因此,将目光投注于"人-技"关系的双向性与多面性,并尝试在以"互构"与"互驯"为基础的多元、无限博弈中反思"人—技"关系,实现人与技术的双赢,或许是一种有价值的尝试。

---

① 马丁·海德格尔:《海德格尔选集》,孙周兴译,上海三联书店,1996年,第952~953页。

② 尤瓦尔·赫拉利:《未来简史:从智人到智神》,林俊宏译,中信出版社,2017年,第291页。

第四章　数字化生存的反思：
技术生存还是技术至死

在人类漫长的历史中，大致出现了两种生存方式：一种是自然生存，一种是技术生存。所谓的自然生存是一种动物式的生存，主要是利用一些较为原始的工具，延伸人的肢体功能，在人与自然交往中体现着人的自然属性，气候、食物、土壤、地形等自然因素决定着人的生存和生活质量。面对艰苦的自然环境的压迫和挑战，人类不断超越自身生物学界限，引入技术来补充、扩展和强化其生物器官的功能，把自身从自然的威胁、奴役和物质匮乏下解放出来。人类逐步发明和掌握了技术，并利用其改变自然、创造人工自然环境，来满足人的需要。技术生存根源于人的本性和生存环境变迁的挑战，也是人类发展自身并追求更有意义生活的基本途径。

德国哲学家弗洛姆认为技术遵循两条原则，其中一条便是"最大效率与产出原则"[①]。马克思认为，真正的财富在于用尽量少的价值创造尽量多的使用价值，换句话说，就是在尽量少的劳动时间里创造出尽量丰富的物质财富。资产阶级追求利润最大化的本性促使他们在最大化榨取工人阶级剩余价值的过程中，滥用一切科技对自然界疯狂掠夺，从而造成技术的异化。

基督纪元前的普罗泰戈拉说："人是万物的尺度。"马克思主义学

---

① 高亮华：《希望的革命——弗洛姆论技术的人道化》，载《自然辩证法研究》，1997年第2期。

第四章 数字化生存的反思：技术生存还是技术至死

者威廉·莱易斯认为，"征服自然为解放人类的不利地位提供了希望"①。人类的生存是建立在对自然和社会的控制的基础之上的，但技术的发展是一把双刃剑，考量着人类驾驭和使用技术的智慧。埃吕尔在《技术社会》一书中指出，技术是文明；它吞噬了制度，成了普世的语言；技术就是新的上帝。技术使民主过时，成为国家的极权主义。②诸多迹象表明，人既发明了科技，但在某种程度上也受其控制，人类并不能在科技面前为所欲为。

如今人类已经迈向了信息化，早在 20 多年前，美国麻省理工学院媒体实验室主任尼葛洛庞帝就在《数字化生存》中指出，未来会有两个世界，一个是物理世界，一个是信息世界。人类未来的生活方式就是数字化生存，并预言模拟技术将彻底让位于数字技术，以前被认为不可思议的发明，如虚拟影像、电子宠物、可穿戴设备等一个接一个成为现实。③人们在享受数字化技术所带来的便利的同时，也应该反思数字化生存背后的种种弊端。2014 年，叶夫根尼·莫罗佐夫出版的《技术至死：数字化生存的阴暗面》为沉浸在数字化狂欢中的人们敲响了警钟。

第一节 反对狭隘理性的解决方案主义

"解决方案主义"这个词借用于建筑与城市规划领域，带有毫不掩饰的轻蔑，意指痴迷于对极端复杂、易变和有争议的问题提出花哨、宏大而又目光狭隘的解决方案。

数字技术为社会存在的问题提供了非常便利、快捷的解决方式，人们生活的方方面面都在享受着数字技术之光的恩泽。马克·扎克伯

---

① 吴苑华：《从自然生存到技术生存再到生态生存——威廉·莱易斯的"控制自然"理论之生存生态论旨向》，载《自然辩证法研究》，2010 年第 12 期。
② 迈克尔·H. 普罗瑟：《文化对话：跨文化传播导论》，何道宽译，北京大学出版社，2013 年，第 22 页。
③ 尼葛洛庞帝：《数字化生存》，胡泳、范海燕译，海南出版社，1997 年，第 105 页。

格认为，一切活动在社会化的方式下会做得更好。例如，在垃圾箱上装一个摄像头，每当有人关上的时候它就会拍张照片，然后上传到脸书（Facebook）上，每个垃圾箱每周计算一次积分，当垃圾箱里的食物垃圾和可循环材料减少时，这户家庭就会赚到金条和树叶。谁赚到的金条和树叶越多谁就赢得游戏。任务完成，则地球得救。脸书利用这种方式号召人们减少垃圾排放，从而达到保护地球的目的。人类再也不用按照自己的步调，用自己独有的工具来拯救环境，脸书利用社交游戏和竞赛来掌控人们的行为，我们的生活越来越依赖智能传感器驱动技术，逐步迈入技术解决方案主义的模式中。例如，将减肥问题接入社交图谱，一旦我们看起来比大多数脸书好友都要胖，它就会提示并督促我们减肥。凡此种种，刚刚获得权力的极客和解决方案主义者所反对的低效率、不确定性和不透明性，凭借技术创新都能很容易地被消除。但是，这种做法真的好吗？

加拿大人类学家塔尼亚·穆雷·李认为，无休止的改良探索是短视的，把所有复杂的社会情况重做表现，这种探索很可能得到意想不到的结果，最终甚至造成比它寻求解决的问题更大的破坏。美国社会理论家阿尔伯特·赫希曼在其著作《反动的修辞》中指出，一切渐进式改革通常都会招致保守主义者的批评，这种批评以下面三种论调中的任意一种为基础：悖谬论——干预只会使手头的问题变得糟糕；无用论——干预不会有任何结果；危害论——干预可能会损害一些以前辛苦得来的成就。

因此，既不提倡无所作为，也不否认解决方案主义者解决的许多问题，都很重要，都需要立刻采取行动。但这些问题迫在眉睫地需要解决并不自动意味着时下盛行的高效、清洁、崭新的全套技术一定是合理的。今天束缚我们的可能恰恰是数字化的外衣。

以教育为例，有人认为新技术颠覆传统教育，为之大肆鼓噪，新技术可以让数十万学生同时在线学习，学生彼此批改作业，但与导师从未谋面。加州大学洛杉矶分校教授帕梅拉·耶罗尼米指出，教育不是信息或想法的传递，而是学会利用信息和想法所需要接受的训练。随着信息挣脱书店和图书馆的束缚，潮水般涌向计算机和移动设备，这种训练越加重要,而不是相反。根据威廉姆斯学院所做的研究,学生大学学业成功的最佳预报器不是他们的成绩绩点,而是他们与教授们面对面个人接触的时间总量。[1] 数字技术可以解决知识的传播问题,却无法解决教育本身实质性的问题。

拒绝解决方案主义并非拒绝技术,而是要拒绝狭隘的理性主义成见,摒弃技术万能论。互联网是许多当代解决方案主义倡议的推动力,同时也是阻碍我们看到其缺点的晃眼的闪光弹。互联网使解决方案主义者大大拓展了其干预的范围,在更大的规模上进行试验,同时也催生了一整套被称为"互联网中心主义"的新信仰。

第二节　反对互联网中心主义

互联网的公认价值——开放性和参与性,成了评估人类活动各个领域的最重要准绳,而不管各自目标和标准是什么。如今的互联网意味着做任何事情时互联网都是神圣的,神圣到民主代议制已经驾驭不了它了,互联网毫不费力地填满了每一个头脑、每一个钱包、每一个保险柜,甚至每一个最醒目的叙事空白。互联网一成不变、意义重大而且具有启蒙性,强大而不可战胜。这可能听起来像宗教,那是因为它本来就是。[2]

互联网中心主义的拥护者认为,第一,互联网是开放、公开和协作的。谷歌如此,所以它成功了。开放性、公开性和协作性被认为是互联网的价值,而实际上驱动谷歌的不是开放性意识也不是公开性意识,而是它更在乎市场竞争,更在乎其带来的巨额利润。第二,互联网开创了技术的革命、科学的革命。互联网集邮局、报摊、音像店、购物中心、游戏厅、资料室、唱片专卖店、成人书店和赌场等于一身,互联网是新时代的印刷机,这一思想及其所具有的开创性绑架了

---

[1] 叶夫根尼·莫罗佐夫:《技术至死:数字化生存的阴暗面》,张行舟、闾佳译,电子工业出版社,2014年,第11页。

[2] 叶夫根尼·莫罗佐夫:《技术至死:数字化生存的阴暗面》,张行舟、闾佳译,电子工业出版社,2014年,第26页。

公众的想象力。互联网开创了无限可能，颠覆了以往人们对社会、生活的传统想象。

互联网中心主义的拥护者认为：批评互联网中心主义的是一些悲观主义者、保守主义者，是一味反对变化的人；政客们不应该对技术立法，不应该对数字技术进行政府监管，技术不仅能约束人类的行为，还能确保人类的繁荣。

互联网中心主义的拥护者鼓吹互联网种种神奇之处时，还有一种理性声音的存在。互联网怀疑论者、美国作家尼古拉斯·卡尔认为，数字技术对人的深度思考能力和专注力造成了影响，并使得大脑需求的满足方式网络化，它得到的满足越多，却变得越饥渴。脸书竭力推荐不需要的产品，不对呈现给用户的链接进行数量限制，这不是网络的内在属性——互联网公司这么做也许是出于商业原因，或者纯粹的傲慢和自信。在互联网中心主义时代，为了逃避网络的干扰，人们只能克制自己，不上网，甚至搬到深山中，但是这种短暂的"离线"经历又深受"在线"经历的影响，我们的创造力已经没有办法理解一个没有互联网的世界了。

只要互联网中心主义占据至高无上的地位，我们的技术辩论就永远是死气沉沉、寡淡如水和徒劳无益的。对后互联网生活的想象常常陷入了绝望，我们无法想象没有互联网的日子，再也记不得曾经没有互联网的那个世界了，因为它要么消失不见，要么就像印刷版的《不列颠百科全书》一样，正走在破产的路上。

技术博客兼作家杰夫·贾维斯在讨论德国人对隐私的复杂感受时，谈道：想到自身传统将要陷入与互联网文化的根本冲突，德国人对未来便产生了某种难以自拔的恐惧。

人类在享受互联网诸多好处的同时也深陷互联网的伪启蒙的漩涡之中。互联网的核心是去中心化、平权化，但其并非解决问题的一个方案，而是思考问题的一种方式。互联网触及的一切都变得更好、更聪明、更漂亮，但并不意味着这一核心原则可以被用于解决各种不同问题。有人认为，在艺术网站 Kickstarter 通过众筹获得资助是一种比国家艺术基金更好的资助模式，并且它能获得更多的资金支持，因为是基于互联网平台,所以 Kickstarter 就是更好的。这种短视专注于平台机制,而不是像国家艺术基金这样的机构的实际内容。实际上虽然 Kickstarter 或许能筹集到更多的资金,但这并不一定意味着它能产生更好的、更具创造性的艺术,它反而可能还会产生过时而无用的艺术。而国家艺术基金资助什么项目决定权是自上而下的,其艺术创作成果的保障性更高。

互联网中心主义的观点显然立不住脚,因为它既不是独一无二的,也无法掌控当前的整个局面。互联网创造了所谓的数字原住民,但网络一代并不是被动接受大众消费文化,而是更愿意把时间花在搜索、阅读、审视、验证、协作和组织上,他们是"审视的一代",他们对权威更加怀疑。今天的年轻人自己就是数字革命的权威,而数字革命正改变着每一种社会机制。

第三节　互联网的开放和自由不等于政治自由和人类自由

杰夫·贾维斯认为,渠道、人、产品甚至知识产权都不再是成功的关键,开放才是。唐·泰普斯科特认为,企业与政府的彻底透明不仅是一个决策,更是生活里的一个技术性现实。

一、互联网伪善的开放和透明

首先,对政治而言,劳伦斯·莱斯格在其著作《失落的共和国》中指出,互联网提高了政治信息的获取度,而这不足以修复政治,甚至可能对它造成破坏。[1] 尤其是如果这种信息一旦遭到误解,就会转换成无数愤世嫉俗的偏执性叙事,而后者早就是美国公众生活里的永恒存在了。"公民极客"大军扫描了政府的文档,创建数据库来储存,把捐款人和政客之间的关系用可视化的方式展现出来,还练就了不少

---

[1] 叶夫根尼·莫罗佐夫:《技术至死:数字化生存的阴暗面》,张行舟、闫佳译,电子工业出版社,2014年,第71页。

其他有技术含量的揭丑本事。这些极客的举措带来的"花边"消息随处可见,如 X 公司给 Y 参议员捐款,后者可能在 Z 问题上为之说话。尽管实际上人们没有绝对的把握认定 Y 参议员在 Z 问题上的投票就是 X 公司捐款的结果,但是极客们仅仅公布捐款信息,暗示这可以解释投票结果,这会让选民更加愤世嫉俗、怀疑一切,因为他们所看到的"花边"消息可能正好与对政治腐败的既有成见不谋而合,增加了选民对政府的不信任感。

其次,对个人而言,互联网的开放和透明很可能将公民置于不利的地位。如果你同意在有轻度争议的案子里充当证人,你恐怕预料不到,要是有人搜索你的名字,这项信息也会出现在谷歌搜索结果非常靠前的位置。一旦信息被用于其他目的而非解决争执,因为暴露了个人信息,诉讼当事人、证人还有陪审员就会越来越不愿意第一时间说出真相。人类可以通过技术破坏公开性和透明性,捍卫互联网透明性的说辞会分散我们的注意力,让我们无法专注于平衡真正重要的价值。

最后,对于社会而言,以跨街区犯罪统计数字化地图为例,地图能帮助警察识别问题地区,提高办事效率,还能帮助公众对去哪里和在哪里居住做出更加明智的决策。一些犯罪统计数据可以帮助人们不在危险街区购买房产,但同时也让其他人买卖房产变得更加困难。于是,已经住在这些危险街区的人们可能就不太愿意第一时间举报犯罪,实际上就对社会造成了潜在的伤害。开放数据忽视了这种反馈效应,也就是说,发布数据行为本身将影响未来数据的质量。或许,我们希望数据开放,但也别太开放。

民主的蓬勃发展依靠开放和透明,但也离不开妥协。互联网所谓的开放、透明对政治、社会和个人都造成了一定的负面影响,人们逐步陷入互联网中心主义的开放性的暴政之中,因此必须对其加以抵制。

二、互联网自由不等于政治自由和人类自由

互联网的出现促进了政治民主化进程和更大范围上的人类自由。

第四章　数字化生存的反思：技术生存还是技术至死

利用互联网技术筛选的网络议题，会上升为政治议题，甚至是国家议题，如果有超过10%的成员对这项提案有兴趣，它就转到下一个阶段。这种筛选议题的方式被称为"液态反馈"。液态反馈是一个在线系统，它能更好地体现成员对当前议题的看法，使成员对所归属的组织应该做什么提出议案。成员们可以投票支持或反对它，其他人可以对此提出反提案，或者对如何完善原提案提出建议。成员还可以把选票转让给自己认为对特定议题更了解的专家，最终专家手中可能会拥有多张选票。但是谁能保证转让给的专家就一定是更好、更合适的？所有的人就一定能为相关议题找到合适的投票人吗？现在，人们对这种行为的支持力度正逐渐变弱。

奥巴马政府在这方面做了很多尝试，2009年首创的《开放问题》栏目类似于液态反馈，但在在线提问并投票的过程中最受欢迎的议题却是关于"大麻合法化"的。另一个类似的是白宫网站上的一个版块"我们即人民"，在该网站上，人们可以请愿并投票，敦促奥巴马采取行动，如果某一请愿在30天内达到2.5万张选票，白宫就必须做出回应，然而深受欢迎的请愿却是建议交通安全管理局部门拯救他们的防爆犬，或者立法赋予男女在公共场合裸露上身的同等权利等。不仅如此，有人还追问，如果拥有2.8亿粉丝的歌手贾斯汀·比伯发文提出某个请愿，他将不费吹灰之力得到2.5万张选票，那么，白宫是否要给予回应呢？

新技术为直接参与创造机会，目前我们的沟通成本一直在降低，许多人同时表达观点已成为可能。日新月异的电子技术、录制设备，可以用来记录政治决策，让每个选民都有机会在所有议题上投出自己的一票。但是在这个过程中，人们对错综复杂的政治进程都未表现出基本的礼节，只是把它简化为处于解决方案主义者控制下的唯一变量——投票，并未提及立法过程还包括讨论、谈判、妥协和审议等。在约翰逊的"液态民主"里被认为是无所不知的专家，最终将从见识稍逊的选民那里积聚选票，他们知道"真相"，因此不需要谈判、审议，难怪剩下的就只有投票了，而这是一种非常不成熟的政治观点。尽管党派性在今天的舆论中口碑极差，我们也不应忘记反政党潮流在定义上就是反民主的，因为政党是普通选民发表意见、主张权利的唯一可靠工具。换句话说，尽管可能有一天，数字技术会让颠覆政党体系和回避党派性变得更容易，但这并不意味着这项计划就值得追求。我们为党派性问题找到了一个强大的解决方案，这也并不意味着党派性就是一个问题。英国《卫报》刊登的一篇颇能代表公众舆论观点的文章，就引用了一名普通选民的话："我认为政客就是小偷、说谎者和骗子。"这是一种不诚实的、侵略性的政治模式，它鄙视政客，津津乐道于"扒政治的皮的喜悦"。最令人不安的是其对公民责任几乎绝口不提，而一味强调他们的权利（基本上也只是一种权利：知情权），把公民当作消费者，让他们以为政治能达到"人们通常要求私营单位所达到的服务标准，这在政治上等于自杀"。

第四节 算法是温柔的陷阱

一、危险的算法守门人

1947年，美国社会心理学家库尔特·卢因在《群体生活的渠道》一书中提出"把关人"概念，认为只有符合群体规范或把关人价值标准的信息才能进入传播的渠道。早期的"把关人"在微观意义上是指记者和编辑。目前，算法充当着把关人的角色，什么样的消息适合推荐给消费者或遭到阻截在某种程度上要依靠算法。但以算法来守门真的可靠吗？

2011年，有个叫"撒哈拉记者"的网站发表了关于尼日利亚事态的社论文章和记者提供的现场新闻报道。谷歌算法发现其中的图片太暴力，就暂停了该网站参与其广告的资格，该网站向谷歌的投诉也石沉大海。谷歌公司坚持其算法是中立和客观的，它不承认自己的算法可能存在缺陷和偏见，应予修正，而是表现得很偏执。

谷歌还有一个功能就是"自动完成"，只需输入几个字，谷歌就会提供若干备选项，补充完搜索查询，比如你输入"罗马不是"，很可能会以"一天建成的"结尾。德国第一夫人贝蒂娜·沃尔夫在

第四章 数字化生存的反思：技术生存还是技术至死

2012年9月起诉谷歌"自动完成"的搜索结果把她的名字跟"妓女""伴游女郎"这种词放在一起。沃尔夫案只是这个搜索引擎巨人所面临的众多法律挑战之一。这些官司的原告大多是被激怒的个人和机构，他们发现自己的名字和品牌跟各种恶意词语和映射关联上了。而谷歌却坚持认为其算法是对现实的客观反映，但是对于谷歌如今在公共领域的角色来说，它不仅像镜子似的反映现实，它还塑造、创造，甚至歪曲现实。在这个过程中，它采用了各种做法，而这些做法是无法化简为一套统一的互联网逻辑的。

谷歌现在已成为公共生活的"保护人"和"守门人"，所以应该对这种更快、更廉价和更有效率的算法和过滤器进行严密的伦理审查，否则就会犯解决方案主义的错误，为不太重要的问题的改进欢呼雀跃，却对更重要问题的恶化视而不见。以推特（Twitter）的"趋势"功能来看，过滤器会依靠几种信号和算法来判断哪些主题正成为整个平台上的"趋势"，而这些主题随之会引发更多的关注，成为全国乃至全世界的话题。如果某个重要讨论制造出大量声响，却从未达到"趋势"的地位，人们便常常将其归咎于推特的审查制度。"占领华尔街"事件一直没能登上推特的"趋势"排行，很多用户和评论者都认为一定是出于政治原因，立马开始鸣冤叫屈。不过这些抱怨有些奇怪，因为他们似乎以为，在其他时候，推特的"趋势"功能的运转就是完美无瑕的。推特会解释某个事件成为趋势是由多种因素而非推文数量确定的，但没有指明具体依靠哪些因素，也没有公布它所监控的信号，可能生怕这方面的知识泄露了，其系统就会受人愚弄。创新是社会和人类不断前进的动力，人们想当然地认为创新成果会公平地造福所有人，但是创新也有负面的含义，很少有人从事创新伦理研究，创新可能会恶化现有的不公平或制造新的不公平。这要求我们超越对新颖和效率的痴迷，针对权力、合法性和伦理道德提出有难度的规范问题。

总之，新技术平台并不是那些所谓"缺陷"的解决方案，承认主观性、低效率和无知，在我们的文化和政治生活中一直扮演着无比重要的角色，因为那些根本就不是缺陷，而是我们应该加以捍卫的重要而脆弱的成就。

二、技术屏蔽犯罪等同于道德无能

技术的手段在很多时候能够预防犯罪，甚至让人们没有犯罪的机会，社会将一片和谐、安宁，事前预防犯罪比事后调查、执法效果更好，也更廉价。洛杉矶警察局采用 PredPol 软件，通过技术和大数据对可能发生的案件进行预测。2012 年 6 月，洛杉矶警察局一位队长看到 PredPol 软件建议他派警官到所属巡逻区查看某个监控网络区域，警官去了却什么也没发现，但几天后的夜里，他们巡逻时，逮到有人正在砸窗户。PredPol 软件的能力可见一斑。洛杉矶五家警局在 130 万个巡逻区安装了 PredPol 软件后，这些地区犯罪率下降了13%，入室盗窃案下降了 30%。全美各地都可以发现类似令人振奋的统计数据。脸书使用算法和历史数据预测哪些用户可能借助自己的服务从事犯罪活动，也可以通过其预测系统将某人标记为"可疑"，比如只给 18 岁以下的人发信息的用户、大部分联系人均为女性的用户、常输入"性"或"约会"等关键词的用户等。工作人员可以核对各种情况，在必要的时候向警方检举用户，但是这种通过技术手段来屏蔽犯罪的行为真的好吗？同样的逻辑能用到治安领域吗？

如果没有人检验算法，我们不知道里面预设了什么样的偏见和歧视性逻辑。此外，算法还逐渐主导了我们法律制度的其他许多领域。比如人们用它预测某个罪犯获得假释或缓刑后杀人的概率，这种信息能够影响量刑建议和保释金额，所以绝不是什么微不足道的小事。再比如，凶杀案一般都有人报案，但强奸却少有人报案。如果只用已经报案的罪案数据来预测未来犯罪、指导警务工作，那么某些类型的罪案就会无人研究、无人追查。

情景犯罪预防学说从 20 世纪 80 年代起就对犯罪学产生了莫大的影响，其主张人为地设计屏障，保证人不会犯罪。但情境犯罪预防同时也认为，一旦消除了屏障，失去了控制，犯罪就会顺理成章地自然发生。一般说来，科技本身是价值中立的，但是运用科技却不是价值中立的，谁掌握了科技，谁就掌握了生存主动权和战略制高点，依靠科技来控制自然本质上是一项社会任务,其主旨应当在于伦理的或道德的发展,而不是科学和技术的革新。纽约的地铁设有大量与人等高的入闸口,除非伪造地铁票,否则人不可能绕得过这些闸口;柏林的地铁没有闸口,没票也能搭便车,但如果被发现,无票者必须支付罚款。从这个案例来看,纽约的系统让你别无选择,只能遵守,而柏林的系统尽管有罚款的威胁,但同时也在向公民责任发出呼吁。表面看纽约系统不光高效而且在道德上比柏林更高尚,实际上却恰恰相反。

诉诸道德和理智机制而执行的法律留给人足够的摩擦空间,摩擦孕育张力,张力创造冲突,冲突引发变化。反过来说,如果法律通过技术机制执行,产生摩擦和张力的空间都很小,变化的余地也就不大。建立一种让人不能违法的技术环境就等于关上了对社会变革而言异常重要的社会调节阀。没有了所谓的"违法",社会变革就不可能发生,整个社会就处于停滞的状态。但这也不是说要拒绝技术解决方案本身,只是希望在任何一种情况下都要对其适当性进行质疑,从而为社会继续探讨这种适当性保留一条途径。

三、自我跟踪、自我量化的弊端

2012年,倡导知性辩论的网站"大思考"(big think)指出,时代文化创造了"数据恋",即个人对数据的迷恋,痴迷于自我跟踪和自我量化。数据恋式的思维模式就是对自我监测的不停止,哪怕是在睡觉。人人都有智能手机,人类的一切活动都可以测量、分析和共享,比如睡眠质量、晨起后的体重、卡路里摄入量,甚至性、锻炼和经期,等等。

"量化自我"运动是《连线》杂志的主编凯文·凯利和技术记者加里·沃尔夫联合倡导的。沃尔夫指出"量化自我"运动出现的四个条件:一是电子传感器体积变得更小、功能更强;二是电子传感器植入智能手机后,就无处不在了;三是社会化媒体——从脸书到推特,使分享变成常态;四是云计算的概念让人可以将数据上传到远程服务器,并与其他用户的数据合并,有望产生更准确的结果。

自我量化虽然能够让我们不受主观性、情绪化的左右,而且也能改善我们的决策能力,通过对数据的监测和解读发现自己到底是什么人、真正需要什么以及应该去往何方。个人数据非常适合分享——你不见得随时有话要说,但你随时会有数据可供报告。《连线》杂志的技术记者加里·沃尔夫相信数字里隐藏着自己无法视若无睹的秘密,就连自己还没想到要问的问题,答案也在里面。数字化一方面为人类的生存提供了一个新的空间,另一方面也给人类社会带来了一种新的异化。

自我量化也存在很多弊端。一是会造成"廉航化"。所谓的"廉航化"是指某些廉价航空公司连客户上厕所也要额外收费的做法——将免费的服务分解成若干计费单位。Daytum网站的创始人尼克·费尔顿指出,人们如果想要隐私,就必须付钱。凯文·凯利指出,隐私基本上是一种错觉,但只要你愿意花钱,要多少隐私就有多少,这就是技术一直想要达成的目标。这种把隐私定义为货币的能力是社会生活日益廉航化的又一个表现。二是会形成新的数据鸿沟。Reputation等网站公司承诺可以帮客户清理在线声誉,但收费昂贵。买得起的人获得了绝佳的服务,如2008年金融危机期间,投资银行家利用在线服务保护了自己的声誉,每月花一万美金将自己的名字在网上隐藏起来,甚至包括已经见诸媒体的报道。但是那些出不起钱的人,又如何捍卫自己的声誉呢?这会形成新的数据鸿沟吗?三是会造成隐私的大瓦解。如果我选择跟踪、公布自己的健康状况,而你选择不这么做,那么别人会认为你有所隐瞒。如果大家都选择公开,而你不公开,就可能会被认为是个"怪人"。所有的这些共享会造成隐私的瓦解。再高超的保护隐私的技术,再严格的法律,也发挥不了太大的作用,因为现在有了分享信息的好理由,保护隐私数据就变得没什么道理了,而这才是最大的隐患。四是让人陷入功利主义哲学的量化热潮。弗里德里希·尼采反对这种功利主义哲学的量化热潮,并对这种信息简约主义做了尖锐的批评。人们总以为信息越多越好,而他认为对特定对象能够收集越来越多的指标并不意味着进步,因为有许多其他更好的认识对象的方式,是不容易进行量化的。量化信息别无所长,只是一种最便于采摘的果实,它往往阻碍了更有远见、更持久的认知努力。

量化的这种霸权特征非常让人不安。社交网络就是让我们以更微妙、看似更具创意的方式来完成自我量化。在脸书里,真实性成了一种修辞武器,助长了用户的焦虑,并进而向该网站上传更多的数据。它信奉"无障碍分享"的意识形态,我们所做的每一件事情都被默认为可供分享,我们必须要主动选择,才能不分享。这就导致不光我们的自画像人人都看得见,我们喜欢的歌曲和书籍也人人可见,而如果其他用户跟你喜欢完全相同的事情,那么或许你就是个假货,所以你必须发现、上传和分享一些的东西。这是一个恶性循环,因为从来没有人能在脸书上实现真正的独特性。

第五节 对技术的反思与超越

现在,人类已深深陷入依赖数据、依靠量化的解决方案主义的范式之中,片面地以为通过数据所显示的真实可以达到对事物最终的穷尽认识。这种技术至上的理念引起了人们深深的担忧,所以我们应对此进行反思,进而突破技术的局限。

数字道明的真相比我们想象中的要少,量化说不定有碍改革。真正的智能系统,应该找到方法把我们变成更热爱思考、更关心、更为人性化的生物。如今技术有时候会穿着它一贯的狡猾和自治的外衣,只会拉道德的后腿,如果任其发展,就会形成尼尔·波兹曼所说的技术垄断:文化寻求技术的准许,讨技术的欢心,听技术的吩咐。自由主义这样的东西离不开一系列技术的支持,机器奴隶制推动了人类的解放,即除非有奴隶来做那些丑陋、可怕、无趣的工作,否则人类就无从发展文化,深入思考。未来的世界是建立在对机器奴役的基础之上的,但并不是所有的问题都适合技术修复,在技术修复的同时还应该引入道德或人性上的思考。

人们贪得无厌地追求各种技术,但很少意识到只有依靠庞大的社会技术系统(比如供水或如今的云计算)才能使用技术,这比我们单纯使用某项技术有着更为深远而重大的后果。如一种产品叫"毛毛虫",它旨在让使用者思考设备在待机模式下浪费的能源,如果设备处于待机的状态，毛毛虫就会扭动、翻滚，显得很痛苦。虽然通过技术可以很轻松地达到节约用电的目的，但这是以减少全局审视效率为代价的。设计师认为摩擦（而不是效率或易用性）是生产性资源，只要妥善部署就能凸显出无摩擦世界里很难看到的复杂问题。所以，我们应对"技术无意识"变得敏感起来，超越数字化、游戏化的简单粗暴，鼓励用户成为公民，而不是只懂得价格和折扣率的消费者，更不是不给奖励就做不了正确事情的"老鼠"。用户在使用这些设备的过程中，要根据自己珍视的价值观做出不可避免的痛苦取舍，并且在与设备进行对话期间，逐渐修正自己的价值观。①

　　技术在侵蚀人们的自主权。你可能觉得自己是拥有极大自主权的独立个体，而实际上那些你并未意识到其存在的利益相关者，却在对你施加着无形的影响。比如你浏览了几个素食方面的网站，近期打算尝试素食。脸书、谷歌等软件就会立即判断出你的愿望，并估计下个月你有83%的可能性会放弃吃肉，然后软件机构会把这些信息卖给肉类生产行业协会。突然间，你会收到上好肉类的样品，不管你浏览网上哪些信息，总有肉类广告跟着你。软件计算出，将肉食信息持续对你曝光，可以让你停止吃肉的概率降低23%，甚至最终让你放弃吃素的打算。这种做法玩弄了我们，而且给了我们一种虚假的"一切尽在自己掌握"的错觉。

　　目前，很多人都沉浸在互联网中心主义和解决方案主义的思潮中，迷信数字工具的绝对威力。互联网思想家认为，互联网是一个有用的分析工具，能揭示世界运作的重要真相。而后互联网思想家认为，互联网虽然有着无可否认的实体性质，但同时也是一个可供社会学家、历史学家和人类学家研究的社会建构概念。技术知识分子面临的最重要任务就是将技术辩论复归平凡，扫清互联网中心主义的流毒。总之，我们应该立足现实，用辩证的方法去反思如今盛行的技术至上的思潮，批判那些认为一切问题都应该有解决方案的可怕思想。

---

① 叶夫根尼·莫罗佐夫：《技术至死：数字化生存的阴暗面》，张行舟、闾佳译，电子工业出版社，2014年，第333页。

从哲学上看，有些问题并不存在最优解答，它们根植于人类的本性，根植于人类生活的大环境，既无法解决，也无须解决。凡此种种，人类要保持独立思考的能力，用批判性的眼光去选择、采用技术，而不是无条件地接受，从不同的角度去看技术，保持独立思考的能力。科学和技术并不是也不应该是另一种形式的宗教。

20世纪六七十年代，现代技术在整个世界高歌猛进，技术理性之光照亮了人类的美好未来，危机和灾难也悄悄降临，人类反对滥用技术的呼声一浪高过一浪。技术本身是一种解蔽方式，但是如果一切都唯技术马首是瞻，那就会陷入技术中心主义、人类中心主义的怪圈，最终导致技术的异化和人的异化。黑格尔曾说，人因为自己的工具而具有支配外部自然界的力量。科学家声称，宇宙中的不同物质的发展可分为无生命状态、有生命状态、自然理智生命再到人造理智生命四个阶段。人与技术的界限开始模糊。英国机器人专家渥维克说道，2050年机器人必将统治人类，这是人类无法避免的厄运。霍金也曾提醒人类，人工智能成熟之时即是人类灭亡之日。因此，只有正确认识技术带给我们的魔力，同时对技术的发展做道德伦理的考量和深刻的反思，人类才不会身陷异化和灾难之中，技术才能更好地造福社会、造福人类。

下 篇
后互联网时代的媒体实践

第五章 后互联网时代的传播游戏化及其表征

网络技术的发展已经将人类社会推向了后互联网时代。所谓"后互联网时代"是相较于"互联网时代"而言的,这里的"后"如同"后现代"之中的"后",意味着一种新时代、新范式的到来。如果说互联网时代是结构的,那么后互联网时代则是解构的。在解构主义的影响下,后互联网时代的大众传播已经走向打破一切、颠覆一切、表意自由、信息破碎的全民狂欢新局面。在这种局面下,个体的主体性意识日益萌发,传播行为的"反向驯化"日渐形成,而"游戏化"这一传播的内在精神也逐渐复苏,并呈现出蓬勃发展之势。

事实上,有关游戏以及传播游戏化的论述早在古典主义时期就已有之,早期的游戏研究源于人类学、行为心理学和哲学等领域。[①] 然而直至20世纪30年代,约翰·赫伊津哈的著作《游戏的人》才开启了现代游戏研究的大门。在该书中,赫氏从本体论视角对游戏作为人类文化本质特征的观点进行了论证,指出游戏是一种重要的存在,"从文化最早的起点一直延展到我们目前生活其中的文明阶段,游戏伴随着文化又渗透着文化",并一再强调,游戏并非传统意义上的盲目、无意识的取乐行为,而是"在某一固定时空中进行的自愿活动或事业,依照自觉接受并完全遵从的规则,有其自身的目标,并伴

---

① 周逵:《作为传播的游戏:游戏研究的历史源流、理论路径与核心议题》,载《现代传播(中国传媒大学学报)》,2016年第7期。

以紧张、愉悦的感受和'有别于''平常生活'的意识"①。赫氏将游戏置于人类文明发展的历程中去分析,探究人类文明在何种程度上具有游戏化特征,打破了以往观念对于游戏的误解与偏见,为游戏正名。斯蒂芬森深受赫氏游戏理论的影响与启发,在此基础上进一步聚焦,将游戏理论投射于传播领域,并在《作为游戏的传播》一书中开宗明义地指出,大众传播之最妙者,当是允许阅读者沉浸于主观性游戏之中。传播的游戏理论强调一种站在受众立场上的自我参与式的主观体验,换言之,传播的游戏化关注的是"游戏中主体的自由、投入与愉悦,所以传播游戏并不强调规则,而强调人们在传播中的主观经验,即传播快乐"②。从这一立足点出发,传播的游戏化实际上是将游戏化的思维与理念运用于传播活动中,充分发挥受众的参与性与创造性,这是一条真正发挥传播作用的有益路径。传播活动如何赋予传播内容一种类似于游戏的阅读体验,引导受众沉浸其中,获得最大程度的阅读乐趣与情感体验,是游戏化传播的核心内涵。而这一游戏化的追求,与大众传播一直以来所追求的传播效果最大化,无疑是殊途同归。后互联网时代,游戏已经数字化,而游戏化思维也已经渗透传播内容的生产、意义的呈现等各个层面,成为传播活动的显性基因,并深刻影响着传播活动的内在操作与外在表现。

从符号学视角来看,任何表意行为均离不开符号的参与,符号之所以被创造出来,就是为了向人们传达某种意义,而包括新闻在内的传播活动,其本质就是外在客观世界的事件的符号化。③ 因此,传播本质上是一种表意行为,是一个借助符号的取舍与组合来传达意义的过程。构成传播基本内容的各类符号,其基本功能在于表征。因此,从根本上说,表征一方面涉及符号自身与意图和被表征物之间的复杂

---

① 约翰·赫伊津哈:《游戏的人:关于文化的游戏成分的研究》,多人译,中国美术学院出版社,1996年,第30页。
② 刘海龙:《大众传播理论:范式与流派》,中国人民大学出版社,2008年,第17页。
③ 蒋晓丽:《走向符号学:新闻学研究的拓展与深化》,载《中外文化与文论》,2015年第3期。

关系，另一方面又和特定语境中的交流、传播、理解和解释密切相关。[①] 尤其是在符号极其丰富与充盈的后互联网时代，对于传播游戏化现象的探讨唯有借助符号学视域，才能最大限度地确保方法及理论上的合理性。正因如此，我们以符号学作为理论视域，力图从更深层面、更为科学地探讨传播的游戏化问题。

第一节 游戏化传播的基础

传播是建立于符码这一元基础之上的能动性行为，后互联网时代符码的爆发式繁殖与再生产为传播提供了深厚的根基，而语义空间的不断扩大所导致的表意多元化反过来又促成了游戏化这一传播之内在精神的复苏与勃发。

一、网络环境下的元语言体系再整合

元语言是一套解释的规则体系，是抽象化的。任何一个文本的解释都必须依托于一套系统的元语言集合。每一个解码的过程，其背后都有一套相对应的、由种种复杂因素所组成的元语言集合，只有这样，文本的解释才能成为可能。赵毅衡在其《符号学：原理与推演》一书中将元语言因素分为语境元语言、能力元语言以及自携元语言三类。其中，语境元语言是元语言组成因素的最主要的来源，指的是文本与社会发生的诸种关系，引出文化约定对信息的处理方式。换言之，文化对信息的处理方式受到文本与社会关系的影响，即文本与社会关系的变化会导致信息处理方式也就是解码行为的变化。因此，元语言是伴随着文本及其所处的社会环境的变化而不断改变的，而元语言体系的变化则会进一步引发更深层次的信息传播系统的变革。

如果说元语言体系的变革贯穿人类历史的每一个时期，那么，在后互联网时代，这一变革的剧烈与深刻程度则可谓史无前例。后互联

[①] 亨利·詹金斯：《融合文化：新媒体和旧媒体的冲突地带》，杜永明译，商务印书馆，2012年，第1页。

网时代,传播已经突破了以往的阶级、等级与时空界限,信息呈爆炸式增长。与此相应的是信息繁殖与更迭速度加快,新的符码不断被创造出来,并借助互联网这一媒介而广为传播,冲破元语言体系的壁垒,进而被编入既有的语言体系,成为信息处理的重要元语言集合。而在这一过程中,新符码逐渐建立起了与社会体系之间的强关联,被受众接纳与认可,从而导致了个体元语言体系重叠面积的不断扩大,形成了共同语义区的蔓延与膨胀。后互联网时代的元语言变化最为显著的表征是网络词汇对传统主流话语体系的"闯入"。网络词汇作为网络文化的一部分已经成为后互联网时代文化领域十分重要的组成部分。这类词汇往往使用隐喻的修辞手法,破坏了既有能指与所指之间的纽带,从而突破能指的范畴,同时赋予所指更为抽象化的内涵,在更广泛的空间内为能指和所指创造更为丰富的意指。如网络热词"蓝瘦""香菇",原本是由发音问题导致的闹剧,却被广大网友迅速在网上传播,最终成为"难受"与"想哭"的代名词,进入既有的元语言体系。可以说,一大批网络话语的出现已经大大冲击了原有的话语体系,而伴随着网络词汇的"闯入"以及受众的接纳,这类词汇必然通过对个体元语言体系的调整影响整个社会的元语言体系,从而使得新符码与被指对象之间保持意义的"可翻译性"。这就在同时大大充盈了既有的表意体系,为充满愉悦化与趣味性的游戏式传播提供了丰厚的土壤。

二、任意性到理据性的滑动

德国符号主义哲学家卡西尔在《人论》一书中提出了他的"符号哲学"。他认为,在人类的进化过程中,符号的印记越来越深,与其说人类是"理性的动物",倒不如说人类是"符号的动物"。人类正是通过符号的构筑与运用,创造着历史文化,拓展着生存时空。① 因此,可以说历史创造符号,而符号记录历史。然而,历史对符号的创造并非一蹴而就,而是经历了一个不断重复与强调、不断将其必然化

---

① 卡西尔:《人论》,甘阳译,上海译文出版社,2004年,第6页。

与固定化的过程，而且符号的意义也并非一成不变，而是不断改变甚至消弭的，这便是符号理据性的上升或下滑。在索绪尔看来，符号与意义之间的关系仅存在任意性，而不存在理据性，也即符号与意义的关系是任意武断的，不可能也无须论证。与此相反，皮尔斯则将其符号理论建立在理据性的基础之上，从而将符号学拔出了系统观的泥沼。符号的理据性是在符号使用过程中获得的，社会对某一符号的使用频率越高，该符号的理据性就越强，并最终成为一个象征。相反，某一符号在使用中也可能意义磨损，从而导致理据性的丢失。人类符号的使用过程往往伴随着意义的生产与传播、理据性的上升与下滑。

在后互联网时代，符号的加速流动使得符号的意义赋予与磨损的周期大大缩短，符号的理据性上升与下滑更具普遍性与常规性。而符号从任意性到理据性的滑动，成为当前传播活动得以丰富化并迈向游戏化的重要动因。后互联网时代，强大的传播技术带来非主流话语的活跃，高频率的出现与使用带来了非主流话语理据性的上升，并由此引发了主流话语体系对非主流话语的接纳与收编，成为传播活动的重要符码补充，如《人民日报》对"给力"一词的使用所表征的主流话语对非主流话语的收编等。伴随着新词汇的流入，依托符码的表意行为有了更为丰富的表征与呈现。语言系统获得了源头活水，从而有力祛除了陈旧、乏味、格式化的常规符码与表意方式，使得表意全面活跃起来，为包括严肃的媒体传播在内的传播行为增添了活力，使得传播充满趣味和活力，继而为受众提供了愉悦、新鲜的阅读体验，使传播的游戏化体验与表征成为可能。伴随着符号由任意性到理据性的滑动，人类语言体系还将被进一步充盈，促成更为丰富多彩的传播行为，并进而使传播活动同时代相结合，创造无尽的新鲜感。

三、能指丰富性引发的语义狂欢

能指与所指可谓是符号学中最为基本的一组概念，能指即符号可感知的部分，是符号外显的部分，而所指则是符号所指向的部分，是符号内隐的部分。不同的能指可以指向同一所指，同理，同一所指可以对应众多能指。在符号表意过程中，能指的多元化可以提供多样的表意渠道，从而丰富表意形式与文本内容，使得传播表征更为多样化与趣味化。而能指的多样化往往是通过对既有意指关系的重构实现的，这一点在后互联网时代尤为凸显。

后互联网时代，媒介技术推动着多元化的符号能指的制造。它使符号能指与其直接意指的所指之间的联系被粉碎，借助视听语言符号能指的排列组合来规划和处理信息，企图达到建立新的意指组合的目的。① 数字简化语言即是能指重新排列组合的典型案例。如"666"本是一个数字，然而，伴随着《英雄联盟》这款游戏的火热，"666"与数字 666 之间的直接意指关系被打破，而具有了形容词"溜"的含义，成为对熟练的能指。除此之外，"333"与"散散散"的指示关系，"555"与"呜呜呜"的指示关系，均打破了既有的意指关系，而使得"散开""哭泣"等相应的所指有了更为丰富的表意形式。值得注意的是，后互联网时代能指的再造已经冲破了全领域、全社会的局限，而向小范围、窄领域浸入，如环保行业形容环保建设工作的"戴绿帽"，企业领域标志着专业主义精神的"做匠人"等。能指的丰富性已经无处不在。不可否认，能指与所指关系的断裂与再造是一个伴随着社会发展与变迁而不断更新的过程，它来源于时代文化，折射着时代文化，实现着时代文化的语义表达，不仅存在于当前的后互联网时代，在以往的历史进程中亦有踪迹可寻，而且在未来还将糅杂和繁衍出更为丰富广阔的含义。然而，不得不承认的是，后互联网时代，在技术因素的作用下，这一断裂与重组正在以前所未有的速度进行着，并迅速在传播与使用中获得理据性，进而进入大众传播的话语体系，获得或长或短的生命。这一过程所带来的必然是能指的极大丰富以及表意的多元化。

---

① 隋岩、姜楠：《"能指狂欢"的三种途径——论能指的丰富性在意义传播中的作用》，载《编辑之友》，2014 年第 3 期。

第二节　游戏化传播的实践

后互联网时代是"人人都是麦克风"的时代，传播不再是一部分人或组织的事情，而是具有了强烈的个体化色彩。作为个体的受众对传播行为的协同化参与在不断丰富符号表意路径的同时，也进一步激发了潜藏于个体内部的传播热情，增强了其信息生产与消费的愉悦感，并最终通过对人的主体性的关注与满足实现传播的终极目的。

一、协同化的编码行为

麦克卢汉在《理解媒介》一书中把游戏归为了媒介的一种，在麦氏看来，游戏是人类心灵生活的戏剧模式。通过游戏，人们各种具体的紧张情绪得到了发泄，作为大众艺术形式的游戏，给人类提供了充分参与社会生活的直接手段，任何单一的角色或工作，都不能给任何人提供这样一种直接的手段。游戏作为人类文明中不可或缺的一部分，在人们生活当中扮演了非常重要的角色。现在，游戏已经从最初物化的形式转化成一种内在的精神，人们推崇、向往这种游戏精神。进一步而言，游戏的参与性强调一种强烈的个体精神，而通过这种个体精神所表现出来的对于自由与独立的追求是人们参加游戏最为原始的动力之一。

大众传播发展到今天，已然开始注意并利用这一游戏精神，让受众参与内容的生产，并借此来凝聚用户群，提高忠诚度。事实上，包括英国广播公司（BBC）、美国有线电视新闻网（CNN）以及日本放送协会（NHK）等在内的众多专业媒体都在尝试专业内容生产与用户内容生产的融合，以此来对专业记者无法企及的报道区域做内容上的补充。以《赫芬顿邮报》为例，该报纸借助互联网平台，已经发展出上万人的公民记者队伍，公民记者通过对新闻线索以及新闻内容的发现和补充，大大充实了新闻报道。可以说，在后互联网时代，受众已经不再只是大众传媒的被动消费者，而成了媒介景观的积极建造者。受众对内容生产的参与，其本质是一种编码的协同化。这一协同化的编码行为实质上是一个双赢的过程,而渗透其中的强烈的参与感、对专业记者身份的体验感以及作为公民记者的荣誉感无疑是促使普通受众参与其中的强大动力,而这些均是游戏精神的集中体现。尽管目前看来,专业媒体与用户生产内容的融合仍然处于尝试的阶段,然而,我们有理由相信,在互联网技术以及媒介平台如此迅猛发展的背景下,这一基于游戏精神的参与行为仍将继续。

二、"伴随文本"充盈的呈现模式

正如人类文明与文化从来都不是孤立存在的一样,作为文明与文化表现形式的文本从来也不能脱离语境而独自表意。这是由于任何文本都是存在于广阔的、由文化交织而成的网络之中,对文本的解读需要借助存在于文本之外的、为文本接收者所认可的社会约定与联系。而这种文本之外的、由文本"顺便"携带的符号文本就是"伴随文本"。"任何一个符号文本,都携带了大量社会约定和关系……所有的符号文本都是文本与伴随文本的结合体。"[①] 从定义来看,伴随文本并不是后互联网时代的产物。然而,互联网技术的发展却催生出了形式多样、内容丰富的伴随文本,并且推动伴随文本由隐性转向了显性。

尽管伴随文本随处可见,但在后互联网时代,伴随文本的丰富性集中体现为链文本的极大充盈与凸显。所谓"链文本",是指在接收一文本时,与其相连接起来的、被受众主动或被动接受的一类文本,网络链接、参考文献等均属于此类文本。后互联网时代依然延续了互联网时代的"链接"特征,在网络超空间中,信息以一种非线性的网状结构组织起来,受众只要点击某一文本,就会出现含有同样词或者短语的其他相关文本。这种以链接为基本形式的信息呈现方式使得有关联的文本之间形成通向彼此的纽带,从而将文本在互联网平台上紧密地联系在一起,形成一个网状的信息环境,将受众包裹其中。这种信息的包裹感与密实感恰恰为受众营造了一个类似游戏空间的、极具

[①] 赵毅衡:《符号学:原理与推演》,南京大学出版社,2016年,第139页。

沉浸感的三维立体信息空间。通过各类形式的链接，受众可以长时间沉浸在大众传播所建构的信息环境中，并在文本的搜寻、意义的拼接、信息背景的挖掘等过程中产生十分强烈的沉浸感与愉悦感，这种充满未知与不确定性的探寻行为同时也为受众提供了类似于游戏所带来的挑战性与趣味性。换言之，链文本这一伴随文本在后互联网时代的进一步凸显，使得传播与游戏在某种程度上实现了意义的衔接与重叠，为大众传播注入了游戏化的内涵与操作维度。

三、标出性"反转"带来的定向化传播

"当对立的两项之间不对称，出现次数较少的那一项，就是'标出项'。"① 相较于正项即非标出项，标出项是被排斥与不具普遍性的异项。人类文化发展的过程中，正项与异项总是处于动态的对抗关系中，并通过对中项的收编而实现标出或者被排斥的反转。标出性的反转是一个存在于各个领域的、随着社会历史进程缓慢且持久发生的过程，在大众传播领域同样如此。从大众传播的视角来看，"大众"一词本就具有明显的非标出特征，是相对于"小众""分众"等标出项词语而言。长久以来，"大众传播"以傲视群雄的姿态将目标瞄向一般化的受众，而忽视了处于边缘状态的分众，分众群体被忽视导致其对大众传播的疏离，大大降低了分众群体的媒体参与感与积极性，进而影响了大众传播的覆盖面和传播效果。后互联网时代的到来为分众群体提供了发声渠道，分众成为不可忽视的传播力量，大众媒体或通过普遍化内容生产的转向，或通过技术的力量，向分众化、精准化传播靠拢。小众、分众逐渐从边缘走向舞台中央，显示出标出项历史反转的极大趋势。

分众化作为传播的新趋势，在改变既有传播特征的同时也大大改变了受众的参与形式，使传播行为具有了大覆盖面、高参与度、强自主性的表征。与此同时，伴随着分众化传播而兴起的一系列对分众群体智慧的挖掘与激励机制也在无形中为传播行为增添了一抹游戏化的

---

① 赵毅衡，《符号学：原理与推演》，南京大学出版社，2016年，第275页。

色彩。具体而言,分众化传播的游戏化色彩体现在两方面:一方面是传播本身表达方式向受者喜好靠拢,另一方面则是通过游戏化规则的运用对分众化力量的凝聚与挖掘。前者如一些媒体在针对动漫爱好者的传播中运用"UP主"(上传视频的用户)、"新番"(新上映的动画)等二次元词汇,① 在针对网游爱好者的传播中使用"GM"(游戏管理员)、"点卡"(游戏中的虚拟消费积分充值卡),这些术语的使用极大地满足此类受众的阅读与表达习惯,为其营造亲切、愉悦的阅读体验。后者则以"知乎""头条问答""Whale""YAM"等国内外近年来兴起的问答网站及软件为例,此类网站或软件均采取游戏化的运营策略与规则,为优秀的回答者提供物质或精神层面的奖励,从而实现积累人气与盈利的目的,这一模式将游戏的原初规则与竞赛机制引入传播之中,引领了一种潮流。可以说,在后互联网时代,大众传播的分众化趋势以及分众自身力量的苏醒已经成为不可阻挡的趋势,与游戏精神实现了对接与黏合。无论是受众产生的主观上的轻松愉悦的阅读体验,还是客观的激励机制带来的竞争感与成就感,均将推动这一趋势继续向前。

第三节 游戏化传播的效果

传播的游戏化实践为符号的排列与组合提供了多样化的路径,使得文本的表意更为丰富、形式更为多元。而编码的多元化为解码提供了广阔的创造性空间,受众的个性进一步释放,并在无限的创造性之中推动意义的不断流动与再造,从而使整个传播行为具有了更为鲜活的生命力。

一、多媒介联合解码与再解码

媒介载体丰富化是后互联网时代的一大特点,以往单一化、平面

---

① 《打破次元壁!AB站的二次元文化究竟是什么》,搜狐网,2016年5月27日,http://www.sohu.com/n/451791727/。

化甚至有些枯燥、刻板的文字呈现方式，已经不再是媒体的唯一表意方式。传播技术的兴起以及传播媒介与平台的极大兴盛，使得对于同一信息内容的表意可以综合使用图片、视频、漫画甚至 VR 直播等多种媒介方式呈现。对于信息接收者而言，对同一信息的解码拥有了更为丰富多样的符号载体，而由于不同符号载体在意义传播中所具有的个性化的独特表意优势，接收者由此可以对不同媒介传送的意义进行综合解码，最终形成完整的意义感知。换言之，后互联网时代，表意形式的多元化大大拓宽了意义的呈现维度，从而为受众提供了更大的意义发掘与阐释空间。

在后互联网时代，多媒介联合解码更为深层的意义在于这一解码形式所带来的受众对于解码的解码。所谓"解码的解码"，是指受众对于大众传媒呈现出来的多媒介的解码形式的一种自发化、深层次、联合性的二次解码行为。在后互联网时代，受众的解码行为已经不仅仅局限于对信息内容的被动接受，而是糅杂了主观的精神意志，在多样化的表意形式中融入了发现的眼光与批判的视野。因此，在这一意义层面而言，与多元化的编码行为相对应，后互联网时代的解码是一种充满趣味性、创造力的具有游戏精神的合作行为。尤其是面对娱乐化或者深度性报道时，这一解码行为的游戏特色更为明显。"手表哥"杨达才事件、"罗一笑，你给我站住"事件等均是网友联合解码，通过多方协作与配合，从而揭露事件真相的二次解码行为。二次解码行为一方面是受众对媒体公信力的再检验，另一方面也是受众在纷繁复杂的网络环境中探寻真相、寻求共赢的动力使然。值得一提并加以肯定的是，在当前的网络传播中，网民通过对媒体解码的再解码行为已经越来越多地参与对公共事务及舆情生态的监督与应对，解码不再仅仅是出于个人信息接收的需要，而是拥有了更为社会化、集体利益化、更深层次的意义内涵。这是后互联网时代自愿参与、协同操作以及追问到底等作为人的本能的游戏精神的直接体现，也是作为主体的人在与技术或组织力量对峙中的一种胜利。

二、弱编码导向下的差异化意义接收

所谓弱编码，就是采用不具有强烈的指示性，或者说能指与所指之间对应关系较为任意的符号进行编码的行为，由于能指与所指的"松散连接"，弱编码表意行为拥有更为宽松的意义解读区间，受众对文本的解读也更为个性化，更具有创造力。一般而言，在艺术领域尤其是抽象派艺术中，这种弱编码更具广泛性，正如"一千个读者就有一千个哈姆雷特"，主观意识在艺术领域对意义的解读与接受影响巨大。而在具有严肃性的新闻报道尤其是以语言文字作为媒介符号的报道中，强编码占据主导地位，换言之，受众对于新闻信息的接受极大程度上是按照编码者的导向进行的，这在某种程度上为"媒体建构"行为提供了佐证。然而，后互联网时代的到来已经大大改变了信息的内在结构与呈现方式，使得严肃新闻同样具有了弱编码倾向。后互联网时代，能指的极度丰富化、多重表意形式的兴起与协同化的编码行为，在打破文本与意指的关系的同时也使得符号表意更为多元，进而在能指与所指之间建立了普遍的弱关联，促成了弱编码的普遍化。加之意义接受者自身年龄层次、知识体系、语义空间以及对信息需求范围的差异，受众在解码过程中的创造性与个性化得以释放，个性化的信息接收与意义解读成为后互联网时代受众解码的新趋势。

正如对于不确定性以及刺激感的追求是游戏精神的重要内核一样，受众在弱编码的解码过程中所采取的自由化、个性化、富有创造性的意义阐释行为也充满了游戏化的元素。在后互联网时代，受众对信息内容的差异化接收为解码行为提供了多元化的视角，网络这一纽带将多元视角链接与糅杂在一起，从而在媒体报道之外形成了更为丰富的解码意义。比如美国总统选举活动，中国网民的高度参与成为一个显著的特点。尽管媒体对美国大选基本保持了统一的报道基调，然而，视频、漫画、图片等报道形式所具有的弱编码倾向仍然为受众留足了解码的空间。网民通过媒体转播的辩论画面、发布的新闻图片、候选人的背景资料等信息，解码出了丰富的意义内涵，如有网民通过辩论现场二人的面部表情得出希拉里"精明"、特朗普"执拗"的结论，也有网民认为希拉里具有"端庄大气"的领袖风范，相较之下，特朗普则略显"猥琐"。还有不少网友甚至总结出二人的执政倾向、语言风格，进而推测其国民支持率等。换言之，当前多元化的表意方式已经导致强编码在严肃新闻传播中的失效，意义已经冲破强编码的锁链，得到了充分的释放，由此带来的受众的差异化解码恰恰解析出了媒体报道意图之外的更为丰富的内涵。而在差异化解码过程中产生的参与与分享、碰撞与摩擦、认同与共识等，无一不凸显了游戏化的影子。

三、无限衍义作用下的意义再传播

在皮尔斯看来，符号必须有接收者，在接收者心里，每个解释项都可以变成一个新的再现体，构成无尽头的一系列相继的解释项。换言之，符号的解释项是意义，但它必然是一个新的符号，通过接收者对信息的接收与消化，完成对符号意义的解读。可以说符号的无限衍义自符号诞生之时便一直存在，然而受制于技术、人们自身开化程度等因素，无限衍义仅仅是一种蒙昧化的状态，是被隐藏着的，未被清醒认识的，或者说即便被认识到却又无法实现显露的状态。在后互联网时代，知识的生产速度远远超过以往任何时代，文明极度开化，信息的流状瞬时传播为人们塑造了一个高度重叠的共同话语场，意义的接受与再创造达到了全新的高度，加之参与、共享等游戏化传播行为的刺激，符号的无限衍义已经成为后互联网时代的新特征。

后互联网时代，符号的无限衍义无处不在，且不同于以往充满严肃性的"背景交代"式或"深层挖掘"式衍义，当前的符号衍义充满了戏谑、反讽、夸张等一系列极具解构特征的游戏化色彩。网友对"舌尖体"的衍义与再创造正是典型例证，它融入了众网友的个性化背景环境以及人生体验，在官方媒体之外有了特色化的再创造与再传播。网友对"舌尖体"的意义阐释，使其冲破了"美食"的对象局限，在对股票、雾霾、搓衣板等一系列对象的描述中出现，甚至跨越国界，出现了"舌尖上的德国""舌尖上的法国"等异邦版本。① 这就使得"舌尖体"这一符号意义得以再延续与再创造，使其具有了无限而又持久的表意作用。简而言之，在后互联网时代，受众对于某一符号意义的无限衍义尽管并非完全遵循传者的传播意图，却在实际上客观促进了该符号的流动，延长了其生命力。而这种凝结了受众自愿性与非功利性、富有游戏化色彩的意义再创造行为同时也是提升媒体用户黏性与受众忠诚度的一个促进因素。不得不说，当前媒体对符号的生产以及受众对于符号意义的再创造共同构成了媒体影响力的重要因素，而这也恰恰是媒体通过游戏化的传播实践想要实现的效果之一。

后互联网时代是一个个体被激活的时代，"媒介旧有的限制被极大地削减了，权力一点点地向'原本的受众'汇聚。一则新闻可以在刹那间由一个地方扩散到全球，而一个群体也可以轻易而迅速地因合宜的事业而被动员起来"②。正如克莱·舍基所言，互联网技术的发展已经打破了存在于个体之间、个体与群体之间乃至群体之间的隔阂与壁垒，并通过网络将其连接起来，形成一个新的信息流动与关系网络。在这种关系的破坏与重组的过程中，个体作为独立的主体，其主体性与能动性已经得到了极大的释放，而由个体主体性的汇聚所带来的不可忽视的"类组织力量"已经广泛作用于社会生活的各个领域，甚至产生了比组织力量更为持久与强大的效应。毋庸讳言，后互联网时代，个体对各领域事务的参与性已经大大提升，任何一个领域都无法忽视个体的力量，任何一个领域也都必须直面并设法利用个体力量。

无论从何种层面而言，游戏化思维都无疑是调动个体能动性的最为关键的切口。游戏作为人类的本能，其作用恰似触动个体能动性的开关，蕴含在游戏中的一系列特征对个体产生的强大吸引力是促成个

---

① 《网友解码舌尖体，有话偏不好好说》，网易新闻，http://news.163.com/14/0527/09/9T87OLDP00014AED.html。

② 克莱·舍基：《人人时代：无组织的组织力量》，胡泳、沈满琳译，中国人民大学出版社，2012年，第10页。

体投入乃至沉浸其中的重要动力,而由游戏所激发的个体之间的协作互助、互利共赢的精神正是"类组织力量"的重要凝结形式。从这一层面而言,游戏化思维正是激发个体潜能的强大按钮,而传播的游戏化思维也恰恰提醒我们:传播不仅是外在的、工具性的,不能只从实用的、效果的角度来思考,还要关注个人在传播过程中的主观感受、自我存在与发展。因此可以说,大众传播对游戏化思维的关注以及在具体实践中对于这一思维模式的尝试,彰显了互联网时代下传媒对人的尊重与回归,同时更是调动个体能量为我所用的鲜明体现。而由游戏化思维产生的一系列符号表意,以及凝结于其中的、正在被源源不断激发的受众力量也必将指引大众传播探寻更深处的风景。

因此,我们尽管无法否认现阶段的传播游戏化尝试才刚刚开始,有关游戏化的探索仍然"道阻且长",然而也必须承认这并不妨碍它预示了一种趋势。游戏化的精髓绝不单单提供一种参与机制和激励机制,它更是在推动一个非常强有力的系统革命。正如简·麦戈尼格尔在其《游戏改变世界》一书中所言,"人类出现以来,我们几乎一直在玩各种精彩的游戏……团结一心,我们可以攻克一个或许是最值得尝试、规模也最为庞大的障碍:利用游戏提高全球生活质量,为未来做好准备,让地球顺利进入下一个千年的全球性使命"[①]。

[①] 简·麦戈尼格尔:《游戏改变世界》,闾佳译,浙江人民出版社,2012年,第319页。

第六章　传播的兴趣偏向和
浑然不觉的符号暴力

利奥塔在话语暴政的祭坛前，号召人们去击碎话语的无情枷锁，具有极其鲜明的政治意义。布尔迪厄指出话语对我们的统治和压榨绝对是深层次的，它比经济的、政治的、社会的禁锢还要厉害。符号的政治功能就是要实现重建或再生产社会结构。从一种变动的视角来看，社会由各种相互竞争的"场域"构成，而个人的心智结构则呈现为更有形成性的"惯习"。符号的政治社会功能实现于场域与惯习的相互塑造的过程中。[①] 实施的过程由暴力对象以他者的自我异化的方式来进行，被统治者协助统治者统治自己，被剥夺者协助剥夺者剥夺自己，被阉割者协助阉割者阉割自己，很好地隐藏了统治本身的暴力性质。

"今日头条"凭借自己强大的技术，为用户推荐喜欢的内容，甚至是格调不太高的低俗内容。之所以这样做，是为了吸引用户，为平台吸引流量，然后再将流量变现。"今日头条"打着科技理性的幌子，在看似客观的外衣下对用户实施着"温和的暴力"，甚至很多用户从来不曾怀疑算法的科学性与伦理，将社会行动者施加在他们身上的暴力当作理所当然，符号的权力依赖于误识，并在误识中认可了这种暴力。[②]

[①] 毕芙蓉：《文化资本与符号暴力——论布迪厄的知识社会学》，载《理论探讨》，2015年第1期。

[②] 杨丽萍：《谈话节目场域中的符号暴力》，载《电视研究》，2010年第1期。

第六章 传播的兴趣偏向和浑然不觉的符号暴力

第一节 算法：一种隐性的控制手段

马尔库塞认为，技术作为一种生产方式，作为工具、装置和器械的总体性，标示着机器时代，它同时也是组织和维持社会关系的一种方式，体现了主导性的思考和行为模式，是控制和支配的工具。他在批判韦伯时指出，技术本身就是对自然和人的统治，就是方法的、科学的、筹划好的和正在筹划着的统治。一个社会和这个社会占统治地位的兴趣企图借助人和物而要做的事情，都要用技术加以设计。

一、算法的伪中立性

传媒的每一次进步都是技术推动的结果，技术对社会和人都产生了巨大的影响，正如美国实用主义哲学家约翰·杜威所言，大众传媒的出现使得本来就存在的人类信息传播行为成为社会生活的中心，传播的重要性得到空前的提高与认同，技术通过赋权改变了社会的生活和进程。

随着移动互联网时代的到来，特别是进入媒体平台化阶段之后，"今日头条"凭借大数据和算法技术使得内容生产和分发相分离，并且聚集了7亿多用户，产生了巨大的经济效益。"今日头条"对用户的最大改变就是每个用户都可以成为内容的生产者，获得展示的平台，优质内容还可以得到平台的奖励，刺激更多的自媒体和机构入驻，持续产出更多的优质内容。通过算法将信息、人与环境三因素耦合，"今日头条"用技术的手段解决了信息超载时代的现实难题。在人工智能分发新闻的过程中，看似只有算法这个"客观中立"的中介，但在算法背后还隐藏着记者和程序员对客观现实的思考，算法以科学的名义，成为新的被视为权威的外显中介。[①] 实际上，算法也有价值观，只不过这种价值观隐藏在程序员编写的在后台运行的代码

---

① 张超、钟新：《从比特到人工智能：数字新闻生产的算法转向》，载《编辑之友》，2017年第11期。

之中。

在这个宇宙中,技术也给人的不自由提供了巨大的合理性,并且证明人要成为自主的人,要决定自己的生活,在技术上是不可能的。因为这种不自由既不表现为不合理的,又不表现为政治的,而是表现为对扩大舒适区和提高劳动生产率的技术设备的屈从。① CNNIC 报告显示,在手机推送时才关注新闻的网民占比为 26.7%。"今日头条"有 1.4 亿多日活跃用户,这意味着大约有 3000 万用户依靠手机进行新闻消费。在此,手机充当了用户的"界面代理人"的角色,行使信息筛选的权力。推送行为影响了用户的信息阅读,然而大多数用户并不了解个性化算法的运作机制。用户对算法积累大量用户数据的事也毫不知情,而把这种推荐认为是"科学、客观、精准"的代名词,身陷算法的暴力之中而不自知。在大数据时代,庞大的数据带给算法巨大的权力。在"今日头条"的审核中,机器初审时会将色情、暴力的内容删除,还会对抄袭的稿子进行打压,以减少该稿件被推送的范围和频次;在二审的时候还要对高热度的内容进行召回,查看其是否有低俗的内容。什么样的内容能通过审核,算法行使着把关人的权力。英国文化研究专家斯科特·拉什指出,在一个媒体和代码无处不在的社会,权力越来越存在于算法之中。

二、算法即权力

算法是一种权力,控制着内容的分发。什么内容可看、给什么样的人看、什么内容应该优先推荐、什么内容不予推荐等一系列标准,都是算法基于大数据做出的判断。算法推荐所依据的内容维度、用户维度、环境维度、协同特征、平台级优先五大维度,都是算法行使权力的具体体现。人和内容都必须迎合算法的标准才有可能获得更多的推荐、流量和平台的补贴,算法成为行使权力的主体,生产者必须围绕算法来行事。

---

① 王茜:《打开算法分发的"黑箱"——基于今日头条新闻推送的量化研究》,载《新闻记者》,2017 年第 9 期。

2016年,"今日头条"推出了"媒体实验室",给媒体内容生产提供数据支撑,创作者可以对自己感兴趣的内容进行搜索,也可以查看页面上设置的热点追踪、精选专题、数据报告、事件监控和媒体榜单等内容。用户有追热点的习惯,点击"热点追踪"就能看到热点事件的热度值,点击"精选专题"就可以浏览近期大家关注的热点。这里不仅有热点的近期走势、关于热点的高频词汇,还有阅读量前五的文章等。媒体生产的内容紧跟热点就会获得更多的阅读量和点击量,这是技术权力在内容创作上的一种控制。

三、算法的僭越

算法不仅可以根据用户的浏览痕迹和兴趣爱好进行推荐,还可以通过技术的手段加以干预。算法能决定什么内容可以加权多推送,什么内容置顶,什么内容应屏蔽。技术本身具有中立性,技术的善恶完全在于使用技术的人。王先生使用"今日头条"时,收到为其推荐的12位熟人,有的甚至是多年没有联系的朋友,有的是并没有留过手机号的微信好友。据他本人介绍,他并没有向"今日头条"开放访问手机通讯录的权限,在微信"隐私"设置中,也没有开通"向我推荐通讯录朋友"的功能。他担心"今日头条"通过技术窥探自己的隐私,造成信息泄露,所以在发现该情况后,立即退出了"今日头条"。于先生反映,"今日头条"存在收集用户数据的行为,自己每次说过什么事情后,或者在网上浏览过什么商品,第二天"今日头条"就会推荐相关内容。"今日头条"号称不涉及用户隐私,那怎么会出现给用户推荐同类产品的情况?当"千人千面"的大数据精准营销神通到令人匪夷所思的程度,这种"心有灵犀"难免令人胆战心惊:个人的隐私与所谓的数据挖掘与之间的边界到底在哪儿?2018年1月,工信部约谈"今日头条"、百度、支付宝三家企业,认为其存在用户个人信息收集、使用的规则、目的告知不充分的情况,侵犯了个人隐私,要求其立即整改。

许多理论家选择把社会比作游戏,而不是将它比作机器,游戏在没有决定任何步骤的情况下定义了游戏者的活动范围。这一隐喻可以有效地用于技术,这样就可以像制定游戏规则一样建立一个被允许的和被禁止的框架,可以根据这些术语将技术代码重新构思为技术游戏的一般规则。然而这种规则使游戏偏向占主导地位的参与者。① "今日头条"凭借大数据支撑下的算法技术在各种传媒角逐的技术场域中占据了领先的地位,成为聚合分发的第一平台,但算法背后的"黑箱"仍无法被彻底揭开。张一鸣提出"去主编论""唯算法论",目的都是规避伦理风险。算法的偏见来源于算法设计者、输入的数据和算法的局限。算法是人工产物,是在一定的价值观和权力的支撑下进行编写的,背后不为人知的权力和标准仍有待继续探索。在科学的外衣下,对技术的盲目崇拜可能会导致更大的偏见。

第二节 控制:浑然不觉的符号暴力

福柯提出,20世纪是空间的时代。他认为权力的运作是在一个空间的容器中进行的,空间是权力发生作用的场所。所以,福柯非常重视监视与控制的空间场所的变化,并从技术的角度来探究控制的问题。他说要分析权力如何成为社会批评和斗争的工具,就必须首先探讨权力关系发挥作用的场所、方式和技术。②

一、控制的自我想象:全景敞视监狱

在君权社会,控制的手段比较血腥和暴力,断头台是君权的最极致表达。而现代社会,特别是进入资本主义社会后,这种控制不再那么公开,而是逐步走向隐蔽。圆形的全景敞视监狱就是这个时期权力控制的典型代表。

在全景敞视监狱中,所谓"可见的",就是立于建筑中心的高塔,似乎有人总是在监视囚犯,使囚犯不能胡作非为。所谓的"无法确

---

① 安德鲁·芬伯格:《技术批判理论》,韩连庆、曹观法译,北京大学出版社,2005年,第100页。
② 谢立中、阮新邦:《现代性、后现代性社会理论:诠释与评论》,北京大学出版社,2004年,第161页。

知",是指囚犯虽然能看见高塔这一权力的象征物,却不确定监视者什么时候在看他,此时此刻是否在监视他。在以前的控制中,这种看与被看是面对面的、直接的凝视,而在全景敞视监狱里,犯人只能想象自己被看,权力拥有者能看到一切,却不会被看。而且囚犯由于心里总感觉有人在监视自己,因而会将高塔上人的监视内化为自我监视。① 权力的实施依靠的是观察而不是惩罚,权力以一种悄无声息的力量在发挥着巨大的作用。

如果说断头台、疯人院、临床医学都是在一种强制的、强权的驱使下实施的控制,那么全景敞视监狱则是靠被监视者的想象将监视内化为自我监视。权力以一种更温和的方式若即若离地存在着,无法确定却发挥着控制的作用。如果说以前的控制手段是在比较现实的、固定的、相对封闭的场所内进行,那么到了互联网时代,特别是移动互联网时代,这种监视和控制就变得更加虚无、隐蔽却无处不在,甚至延伸到整个社会的神经末梢。

二、隐性控制:温和的超级全景监狱

"超级全景监狱"是波斯特率先提出的概念,指电脑数据库信息方式下的权力技术统治模式。超级全景监狱不是对全景敞视监狱的延伸,而是一种"断裂",代表着一种新的监视和规训,这种监视更加隐蔽,却又无处不在。如今虽然整个社会从互联网时代进入移动互联网时代,但监控的形式依然是以电脑数据库为核心的。移动互联网时代,特别是像"今日头条"等平台型媒体对用户的控制是在一种流动的空间中进行的,数据库代表的权力也是一种流动的权力。正如鲍曼所说,权力能否在空间中任意流动是衡量现代权力的一个标志,它决定了权力的性质和数量,也决定了社会的类型和发达程度。② 超级全景监狱中的监视是随时随地、无时无刻、无法察觉的,不会侵扰到人

---

① 包亚明:《权力的眼睛——福柯访谈录》,严峰译,上海人民出版社,1997年,第158页。
② 刘拥华:《空间、权力与寻找政治——以鲍曼为中心的考察》,载《人文杂志》,2014年第7期。

们的日常生活,更加隐蔽。如果说全景敞视监狱把社会变成了一个监狱群岛的话,超级全景监狱就把整个社会变成了一个庞大的监狱,权力的毛细血管式的延伸触及社会的整个空间。①

"今日头条"的算法是以大数据技术作为支撑的,要想推荐得准确、高效,必须能够收集到足够多的用户信息,而且收集的信息越多、积累的时间越长,推送的效果越好。算法并不是什么特别先进的技术,"今日头条"之所以能做到聚合类新闻客户端中的第一名,恰恰就在于其起步比较早,并收集到了足够多的用户数据。"今日头条"之所以为用户推荐喜欢的信息,主要是为了增强用户黏性,增加阅读时间。用户在注册"今日头条"的时候,会被要求填写个人信息或者用微博、微信等社交媒体账号登录。平台从中获得用户数据,还和京东合作实施了"京条计划",打通京东和"今日头条"的数据资源,把信息和商品一同纳入精准推送的范围。此外,它甚至还通过数据驱动和打磨产品设计,A/B Test 就是典型的数据思维。"今日头条"的系统能够做到每天有上百个 A/B Test 同时在线运转,而这些对内容、对产品标题和名称的确定,都是在用户并不知情的情况下得出的结果。

大众传媒的话语中心基本是主流话语、精英话语,而自媒体则使个人获得了展示自我、记录自我的机会。"今日头条"及其他的新媒体最具颠覆性的地方就在于技术赋权,让每一个人在地球上都以数字形态留下了故事,并且用户通过不停地转发、评论、收藏、点击、滑动等行为建立属于自己的"电子档案",为平台的精准推送做出了贡献。一位受访者说:"我喜欢吃麦当劳,所以在我的信息流广告里,经常会出现它的广告推介。"另一位受访者说:"我喜欢养花,所以经常看如何养花的信息。"由于数据库的实时监控,公共人和个体人之间的区分消失了,原本个体空间的不可见性、对国家和公共机构的不透明性被消解了,个体时刻处于被监控之中,隐私无处藏身,但个体

---

① 张金鹏:《超级全景监狱:信息方式下的权力技术——波斯特论信息方式下的统治模式》,载《南京社会科学》,2007 年第 8 期。

人毫无察觉。

三、误识：浑然不觉的符号暴力

所谓"符号暴力"是指在一个社会行动者本身合谋的基础上施加的暴力，意在强调被施用者的不知情，因此也被布尔迪厄称为"温和的暴力"。[①] 它并非真实的暴力，而是看不见、摸不着的，并且行动者并不认为那是一种暴力，反而认可它，它实际上是行动者通过符号权力对意义进行的建构。"今日头条"打着科技理性的幌子，在看似客观的外衣下对用户实施着"温和的暴力"，甚至很多用户从来不曾怀疑算法的科学性与伦理，将社会行动者施加在他们身上的暴力当作理所当然。符号的权力依赖于误识，并在误识中得到认可。

"抖音"是"今日头条"孵化的极为成功的一款短视频产品，它的成功不仅仅是因为在中国开了竖屏音乐类短视频的先河，更在于平台持续不断的重运营、强运营。为了聚拢平台人气，"抖音"创立伊始就遍访中国各大艺术类高校，寻找音乐、舞蹈达人入驻，并邀请各大明星、名人入驻，通过种子用户吸引普通用户的持续关注和参与。如吴亦凡、何炅、杨洋、迪丽热巴、杨颖等。除此之外，"抖音"还设置了运营组，有五六十人负责，每个人负责二十个左右的达人，并与这些达人沟通、互动，生产比较符合产品调性的音乐短视频产品。平台上的手指舞、对口型、跑酷、嘻哈等内容成为爆款，吸引用户制造了巨大的流量。运营组还设置了一些挑战赛，吸引用户参与，增强用户黏性，如深受关注的"这才是抖音范儿毕业照""橙子微笑挑战""最潮足球舞"等。但官方策划的挑战赛只是其中很少的一部分，大多数的挑战赛源自普通用户，如"这剧情，就缺一段抖音bgm""我才是好喝表情帝""抖出你的家乡味道"等。广大的用户就是在官方或自身发起的挑战赛里或欣赏、或制作，以消磨时间、展示自我、偷窥别人，同时也为平台所深深吸引，身陷其中无法自拔，制

[①] 戴维·斯沃茨：《文化与权力》，陶东风译，上海译文出版社，2006年，第137页。

造着流量。

总之,我们在研究算法的技术神话的过程中,也应该深刻反思人们对其过度的技术崇拜或如文森特·莫斯可所说的"数字化崇拜"。正如学者彭兰所言,算法深层之处也隐藏着偏见,如何判断和纠正算法的偏见,同样是智能时代的新考验。① 因此,除了要从实用的角度研究算法的社会价值,还应该关注其技术逻辑,思考这种技术给人类和社会带来的潜在威胁:算法是不是将成为"老大哥"式的监控工具? 在研究的过程中,我们应秉承批判主义的精神,反思以算法为代表的新兴的媒介技术是成为新的政治和商业的统治工具,还是为个体和社会谋求最大福利。

第三节 控制:技术与商业的合谋

"今日头条"作为一家商业公司,其产品具有媒体的性质,发挥着社会媒体的作用,因而其传播的内容应该更注重社会效益,应该在社会责任理论的框架下承担相应的责任。但实质上,"今日头条"还是以追求利润作为第一要务的,它实施控制的目的不在政治,而在商业利益。

一、流量为王:控制由政治转向商业

正如丹·席勒在《数字资本主义》中指出的那样:在扩张性的市场环境里,因特网正在加速整个社会向数字资本主义转型。算法背后的云技术和大数据正是驱动信息资本主义的引擎。福柯的全景敞视监狱和波斯特的超级全景监狱都在讲控制的问题,两者的区别在于:前者的监督主体是权力拥有者——政府,后者的监督主体则是商业化的公司;前者控制的手段是眼睛的凝视,后者控制的手段是大数据。福柯的全景敞视监狱的控制是为了政治权力,为了维护权力的尊严和力

---

① 彭兰:《更好的新闻业,还是更坏的新闻业?——人工智能时代传媒业的新挑战》,载《中国出版》,2017年第24期。

量,为了社会的有序运转;波斯特的超级全景监狱,特别是基于大数据的新媒体平台对用户实施的控制则是为了商业利益,无论是对内容的推荐还是广告推荐,都为了将流量变现。在这个过程中,对受众欢迎程度、受众行为偏好信息的强调加速了受众的商品化进程。商业和技术的合谋加强了,对用户的监控更便利了。

二、权力入场:控制由现实走向虚拟

福柯认为,空间是和权力结合在一起的,空间上的政治性在本质上就是空间的权力性。空间是政治性的、意识形态性的,空间里充斥着意识形态。所以,无论是断头台、疯人院还是医院和监狱,都是权力在具体而封闭的空间内的展现,都是为了加强对人和社会的统治,巩固统治权及其合法性。可见,几乎所有的空间实践都是具有政治属性的活动。我们的社会受到权力的干预,这是我们自己造成的,因为我们是其机制的一部分。[1]

在移动互联网时代,"今日头条"可以随时随地切换空间,这种空间逐渐从现实走向虚拟。"今日头条"一共给用户提供了近60个频道来选择,用户凭兴趣可以在各种各样的空间中自由地切换,空间成为一种流动的风景和权力。"今日头条"的界面、频道设置都进行过很多次的改版,每一次改版都是一次尝试,改版结果的好坏由用户说了算,好的留下,不好的被淘汰。"今日头条"之所以能保持这么快的增长正是在于产品能够不断地推陈出新。无论是被关闭的"内涵段子",还是2017年重点扶持的"西瓜视频""抖音"和"火山小视频",或是"微头条""悟空问答",甚至还有更为小众的"收藏""国风"等频道,都体现出产品种类的不断丰富。不同软件或频道根据用户的阅读、点击量进行全网搜索推介,都是为了获取用户流量。这种方式在打着满足用户个性化需求的同时,也把千万用户牢牢地束缚在屏幕的前方,使他们成了"屏奴"。

---

[1] 米歇尔·福柯:《规训与惩罚》,刘北成、杨远婴译,生活·读书·新知三联书店,2003年,第243页。

三、数字劳工：一种新型的平台剥削

在技术和资本的裹挟与合围之下，如今"今日头条"的用户已经达到7.72亿人，日活跃用户达1.4亿，每日使用时长为76分钟，成为仅次于"微信"的应用软件。算法的根本目的并非人自由而全面的发展，不是真正地为用户提供他们所需要的信息，而是为了最终实现公司利润的增长。正如汉娜·阿伦特在《人的境况》中所指出的，工具的改进可以较大程度降低人类劳动强度，但这并不能取消劳动对人的限制，算法亦是如此。

广大用户在浏览图文或视频内容时，贡献了注意力，增长了平台流量。用户在上传信息时成为内容的生产者，但能得到报酬的寥寥无几。用户在评论、转发、点赞时完成了对内容的投票，助力该内容获得巨大的流量，但并没有回报。广大的用户在碎片化的时间里隐蔽地、不知不觉地成为被平台剥削的数字劳工，这种剥夺不同于马克思提出的剩余价值理论。

技术具有工具理性，能够满足人们的某种目的，特别是在移动互联网时代的背景之下，以大数据为基础的算法提高了内容分发的效率，但也使人们身陷只能浏览自身喜欢的内容的符号暴力之中。如果一味地追求工具理性，就会陷入技术崇拜、技术神话的泥潭，因此应该将技术的工具理性和社会的价值属性有机结合，将个性阅读和公共性阅读结合，遵从社会道德、法律法规的要求，符合主流价值观，做出正确的舆论导向。算法看似客观的把关实际上暗含着平台逐利的商业本质，商业平台以其权力隐蔽地构建了一个如波斯特所言的超级全景监狱。

第七章　社会嵌入理论视角下媒体融合的行动框架构建

当前，媒体融合已然成为世界范围内学界和业界共同探索的热点话题。基于媒体融合实践具有复杂化和多样化的特点，国外学界从一开始就选择了从多元的视角展开对媒体融合的观察与分析，并取得了大量的研究成果。然而在国内，不管学界还是业界，不管是从最初的内容生产环节还是到后来逐渐延伸到的媒介产业层面，对于媒体融合的理解仍旧停留在媒介组织边界之内。换言之，还是从传媒业自身发展的"业态"逻辑出发来解读融合实践。[1] 正因为如此，有学者直言不讳地指出，目前国内的媒体融合实践依旧处于艰难的破题阶段。[2]

曼纽尔·卡斯特指出，只有把技术变革放到社会结构的框架中考察才能真正理解技术变革。[3] 众所周知，互联网技术在当下人类社会中，已经成为一种重要的基础设施和一种基础的连接方式。作为互联网"对话系统"中重要节点的传媒业，与用户、社会的互动关系在一定程度上直接影响和制约了媒体融合的实践效果。未来想要进一步推进媒体融合，我们就需要以一种更加宽广的视野，跳脱出传媒业边界的束缚，将媒体融合实践置于网络社会崛起所带来的全新社会语境之

---

[1] 黄旦、李暄：《从业态转向社会形态：媒介融合再理解》，载《现代传播（中国传媒大学学报）》，2016年第1期。

[2] 徐峰：《媒体融合仍处于艰难的破题阶段——黄楚新访谈录》，载《新闻论坛》，2015年第5期。

[3] 曼纽尔·卡斯特：《信息化城市》，崔保国等译，江苏人民出版社，2001年，第1页。

下去做进一步考量。基于此，我们以社会嵌入理论（Social Embeddedness Theory）为分析视角，通过厘清传媒业与互联网语境下用户、社会关系结构的互动关系，尝试为今后的媒体融合转型之路构建一个初步的探索性行动框架。

第一节　嵌入与社会嵌入理论

"嵌入"（embeddedness）一词，简言之，是指一个系统有机结合进另一个系统之中或者一事物内生于其他事物之中的现象。[1] 匈牙利学者卡尔·波兰尼较早将"嵌入"一词导入学术领域。在 1944 年出版的《大转型：我们时代的政治与经济起源》（*The Great Transformation: the Political and Economic Origins of Our Times*）一书中，波兰尼首次提出将"嵌入性"这一概念用于分析人类经济行为与非经济的社会关系和社会结构之间的互动关系。在他看来，"嵌入"一词表达了一种理念，即经济并非如经济理论中说的那样是自足（autonomous）的，而是从属于政治、宗教和社会关系的。与经济嵌入社会关系相反，社会关系被嵌入经济体系之中。[2] 虽然这一概念在后来很长一段时期内构成了社会科学界对古典经济学进行批评的基础，然而，波兰尼在整体的和限定的制度主义之间的摇摆不定也让"嵌入"存在着极强的模糊性和不一致性。因此，很长一段时期内，波兰尼所提出的"嵌入"概念并没有受到西方学界的重视。

真正继承和发展波兰尼的"嵌入"概念并将其进行系统化、理论化的是美国社会学家马克·格兰诺维特。1985 年，在《经济行为与社会结构：嵌入性问题》一文中，格兰诺维特首次对"嵌入性"这一概念进行了进一步反思并提出"社会嵌入"（social embeddedness）这一理论设想。按照格兰诺维特所代表的新经济社会学的观点，经济

---

[1] 侯仕军：《社会嵌入概念与结构的整合性解析》，载《江苏社会科学》，2011 年第 2 期。

[2] 卡尔·波兰尼：《大转型：我们时代的政治与经济起源》，冯钢、刘阳译，浙江人民出版社，2007 年，第 25 页。

行为都有社会关系的基础并嵌入具体的、持续的社会关系。而这种社会关系也会受到信任、文化、声誉等因素的持续性影响。由于"个人和企业的经济行为受到以人际互动产生的信任、文化等作用机制和因素为基础的持续性社会关系和社会结构的影响"[1],所以,社会嵌入又被格兰诺维特等人划分为关系嵌入(relational embeddedness)和结构嵌入(structural embeddedness)两种类型。其中,关系嵌入指单个主体的行为嵌入他们与之直接互动的关系网络,并带来有用的信息交换;结构嵌入则考察行为主体多维度嵌入关系构成的各种网络的整体性结构。相较于波兰尼认为经济活动牢牢依附于整体社会的整体性嵌入观,格兰诺维特的嵌入观更倾向一种中层理论,即嵌入是一种处于中间范围的影响机制,它不仅挑战了主流经济学和主流社会学关于人的行为的基本假设,而且也避免了"过度社会化"(指行为较大程度上是由关系和社会背景来决定)和"低度社会化"(指行为几乎不受关系和社会环境的影响)的极端观点。

如前所述,格兰诺维特在早期提出社会嵌入理论时,将嵌入二分为关系嵌入和结构嵌入两种类型。但在后来,格兰诺维特曾对此进行了认真检讨和反思。他意识到,经济活动不但受到国家的法律规范的制约,同时还会受到社会集体共享的规范、价值观的影响。不久之后,沙龙·祖金(Sharon Zukin)和保罗·迪马吉奥(Paul DiMaggio)两位学者在格兰诺维特的研究基础上拓展了嵌入性的操作定义。他们提出,嵌入性在关系和结构的基础之上,还应包括认知嵌入、文化嵌入、政治嵌入等要素。[2] 至此,"嵌入性"这一概念远远超出了经济社会学这一研究领域。

嵌入性理论是根植于美国土壤产生、发展并壮大起来的,逐渐成为经济社会生活中一种重要的分析工具。在21世纪初期,"嵌入性"理论被引入中国,主要运用于国家与地方关系、制度变迁、社会化治

---

[1] 侯仕军:《社会嵌入概念与结构的整合性解析》,载《江苏社会科学》,2011年第2期。

[2] S. Zukin, P. DiMaggio, *Structures of Capital: The Social Organization of the Economy*, Cambridge University Press, 1990, pp. 15—20.

理等领域。不难看出,"嵌入"不仅作为社会经济学领域中的一种基本状态,更是作为一种常态融入整个网络化社会生活之中。随着社会嵌入理论的不断发展,"关系"成了诠释社会嵌入程度及互动效应最重要的结构性因素。

第二节 从"业态"到"关系":媒体融合的应然逻辑转向

当下,媒体融合进程不断加快,然而,以业态逻辑为中心展开的媒体融合实践却开始受到一些学者批评。喻国明一针见血地指出,当前所有的媒体融合的基本逻辑是错误的。传统媒介的转型,如果不是站在互联网的逻辑立场嵌入互联网,而是站在自身整合逻辑的立场把互联网仅仅看作是延伸影响、延伸产品、延伸价格的工具,只在原有的发展逻辑上进行的改良式量变,对互联网因素做某种粗暴简单地植入(比如做一个网络版,办一个客户端,开通一个官方微博、微信),其实质是没有真正理解互联网是什么。[1] 同样,在黄旦和李暄看来,"大众媒介机构如何适应新传播技术"是我们国内媒体融合实践探索的最新面貌。他们的视野是从媒介机构的门内往外看,而不是以新传播技术带来的整个传播形态变化来反观媒介机构。[2] 因此,仅仅从媒介的多功能一体化来认识媒体融合,媒体融合实践必然收效甚微,更谈不上从根本上扭转传媒行业发展的被动局面。

在网络社会崛起的背景之下,社会关系发生了结构性的转变,随之而来的是媒介形态的改变。因此,我们更需要站在"网络社会"的高度来重新审视媒体融合所带来的政治、经济、文化、社会及其中的关系的结构性转变。基于此,社会嵌入理论为当下媒体融合实践提供了一种更加开阔的视野,同时也提供了一种深入理解其背后本质的全

---

[1] 喻国明:《媒介革命:互联网逻辑下传媒业发展的关键与进路》,人民日报出版社,2015年,第67页。

[2] 黄旦、李暄:《从业态转向社会形态:媒介融合再理解》,载《现代传播(中国传媒大学学报)》,2016年第1期。

新关系视角。显而易见,"关系"逻辑意义上的媒体融合实践,并非指某两个媒介之间的简单联姻,也不仅仅是局限在功能和技术层面的融合,而是将媒介机构作为全球化的动态网络之中的一个节点,且这个节点与其他节点一样,必定嵌入更大的网络,与其他网络共存并发生相互作用。

其实,基于关系视角的传媒研究在国内已经不是新鲜事物。早在20世纪末,黄旦在《领域·关系·学科——全美传播学会(NCA)第84次年会印象和启示》一文中就首次提出,我们应当以"关系"的眼光来审视、研究传播。用他的话说,就是"以'关系'的眼光来审视、研究传播,虽并不能担保我们的研究就能上一个台阶,但缺乏这样的理解,则必然无法深入把握传播的内在含义和研究的意义,同样也无法全面了解乃至破解传播和社会、文化和人的关系"[1]。近年来,随着互联网作为一种结构性力量重构了传媒生态格局,国内不少学者开始注意到"关系"在传媒业特别是在媒体融合领域中所扮演的重要角色,并将"关系重构"作为推进媒体融合的理想路径之一。孟盈系统论述了媒介与社会关系之间的交互促进作用,在她看来,媒介与社会关系发展的一般规律是:媒介技术的演进往往能够重塑一种新的社会关系,而社会关系的变迁必然为媒介技术革命提供源源不竭的动力。[2] 陈先红在对互联网时代新媒介传播进行考察时,比照麦克卢汉"媒介即讯息"的观点大胆创新提出"新媒介即关系"的论断。[3] 她认为,作为"关系的居间者",新媒介重塑了社会角色关系、文化关系和情感关系等一系列关系,因而对新媒介的研究也应当从技术层面提升到关系层面。随着媒介融合进程的加快,不管是站在内容融合还是产业融合的维度上,许多学者也尝试从"关系"层面给予观照。

---

[1] 黄旦:《领域·关系·学科——全美传播学会(NCA)第84次年会印象和启示》,载《现代传播(北京广播学院学报)》,1999年第1期。

[2] 孟盈:《论媒介与社会关系在发展中的交互促进》,载《复旦学报(社会科学版)》,2010年第4期。

[3] 陈先红:《论新媒介即关系》,载《现代传播(中国传媒大学学报)》,2006年第3期。

在彭兰看来，对于报纸来说，网络的出现并不只是意味着多了一种传播渠道，更大的价值在于它从关系层面为其转型提供了巨大的潜力。因而，报纸的突围、转型之路则必须坚持"以关系为导向、以关系建设为核心"的思路，并在此基础上拓展产品链条、完善产品布局。① 喻国明指出，对于媒介而言，对新的关系资源的利用和价值发掘是传媒业影响力发挥和市场空间拓展的最为重要的发展逻辑。② 在推进媒体融合的进程中，"媒体传播的内容如果不能有效地嵌入社会关系渠道中，就可能死在社会传播的最后一公里，即'渠道中断、渠道失灵'"③。毫无疑问，这里的"嵌入"即是指整个传媒系统应当嵌入它所依附的社会结构，传统媒体高质量的内容应该嵌入以关系为中介的渠道。麦尚文以社会嵌入理论为中心，对处于社会关系互动之中的传媒产业关系本质进行了初步诠释。他认为，时至今日，传媒产业最重要发展逻辑是要实现由"产品"向"关系"的转换，传媒作为产业的经济本质是一种关系经济形态，"关系"是传媒生产力的本质。④ 因此，"关系"的编织与聚合将成为未来传媒竞争的主导方式，基于合理的关系定位之上的"关系模式"选择将对传媒产业的发展具有决定性意义。

由此不难发现，"关系"逻辑对当下传媒业正在进行着的转型革命来说，是具有启发性意义的。社会嵌入理论的核心要义就是考察在一个网络之中各个节点如何透过关系在动态的互动过程中相互影响，从而揭示事物之间的有机联系。当下正在发生着的媒介融合革命同样如此，媒介作为一个中介、一个联通供给与需求的节点，必须与整个社会系统进行良性互动。只有将"关系"作为激活整个传媒生产链上的核心要素，才能更有效地整合平台、渠道、用户等资源，打通整个

---

① 彭兰：《从"内容平台"到"关系平台"》，载《新闻与写作》，2010年第5期。
② 喻国明：《"关系革命"背景下的媒体角色与功能》，载《新闻与写作》，2012年第3期。
③ 喻国明：《媒体内容传播应嵌入社会关系渠道中》，载《今传媒》，2016年第11期。
④ 麦尚文：《"关系"编织与传媒聚合发展——社会嵌入视野中的传媒产业本质诠释》，载《国际新闻界》，2010年第1期。

传媒生态链条中的各个环节。

第三节　社会嵌入理论下的媒体融合行动框架构建

基于人的认识活动和实践活动这一对哲学范畴，在借鉴此前马克·格兰诺维特、沙龙·祖金和保罗·迪马吉奥等学者关于嵌入性的可操作性定义的基础上，我们尝试从主体嵌入和客体嵌入两个方面初步构建起今后媒体融合的行动框架。其中，主体嵌入是指媒体融合这一实践活动的承担者和实施主体，包括国家、媒体机构管理者、媒体从业人员等在转型过程中的认知和观念调适；客体嵌入则是指主体实践活动所受到的一切客观条件的制约，主要分为关系、结构、政治、文化四个方面。

一、主体嵌入：认知嵌入

认知，顾名思义，是指人们认识活动的过程。[①] 认知嵌入则是指行动者在对周围环境的认知基础上，将一种能够指导和制约行动者决策的思维意识和理性规范嵌入日常行动实践。

当前，在传统媒体向新媒体融合转型的过程中，传统媒体存在着"等、靠、要"的错误思想。"思维惯性已经成为媒体业互联网转型过程中的最大隐患。思维惯性的最大体现在于片面和狭隘地去理解互联网带来的系统性变革。"[②] 除此以外，一些传统媒体的管理者对媒体融合缺乏清醒的认识，在面对以互联网巨头为代表的跨界"倒逼"融合时，缺乏危机感、紧迫感。我们说，要实施任何重大转型和改革，都必须首先在转变观念的基础上达成共识。观念影响思路，思路决定成败。只有彻底地转变观念和创新思维，媒体融合才能够走得坚实、走得更远。

[①] 欧阳宏生、朱婧雯：《意义·范式与建构——认知传播学研究的几个关键问题》，载《现代传播（中国传媒大学学报）》，2016年第9期。

[②] 蒋晓丽、朱亚希：《裂变·跨界·创新："互联网＋传媒业"的三重图景》，载《新闻爱好者》，2015年第12期。

转变观念、创新思维最重要的一点是要将"颠覆性创新"这一认知嵌入媒体融合的日常实践。近年来,传统媒体在思维方式、运营模式、商业模式、盈利模式等方面确实在做一些有益尝试,然而从目前呈现出的结果来看,颠覆仍然不足。既然是颠覆,就应该深入骨髓,全方位地重构一切,只有这样,未来的传媒业才能从上到下、从表到里实现彻底的颠覆,从而适应互联网时代的发展。

二、客体嵌入:关系、结构、政治、文化四维嵌入

(一)关系、结构嵌入

按照格兰诺维特的观点,关系嵌入指单个主体的行为嵌入其所属关系网络之中,并带来有用的信息交换;结构嵌入则考察行为主体多维度嵌入关系构成的各种网络的整体性结构,其主要描述行为主体多维度嵌入关系而构成的各种网络的总体结构、功能以及行为主体在网络中的位置。二者是不能完全割裂开来的。聚焦到媒体融合领域,"融合"本身即是一种关系的重组与优化。那么,从关系嵌入层面来看,媒体融合实践应当从哪些层面进行关系嵌入呢?嵌入之后又该形成怎样的一种复合、交叠与互动式的关系网络?从结构嵌入层面而言,传媒机构应该如何与用户系统和社会系统良性互动并嵌入更大的社会网络之中呢?

按照社会学的观点来看,社会行动者不是孤立存在的,而是处于各种关系之中的。如果将新闻视作相互关联的社会行动者的一种话语实践,那么媒介融合语境之下的新闻生产这种话语实践一定是"既处于一定的关系网络之中,又受到自身编织的更大社会关系网的制约的"[1]。现如今,信息传播的本质已经发生了重构。过去,新闻作为一种"内容信息"而被生产、传播,而在当下的融合新闻语境中,新闻更倾向作为一种"关系信息"而被生产。麦尚文大胆地提出,"关系"的有效介入赋予了新闻的用户属性、社会行动者的关联方式、媒

---

[1] 麦尚文:《全媒体融合模式研究:中国报业转型的理论逻辑与现实选择》,中国人民大学出版社,2012年,第72页。

第七章 社会嵌入理论视角下媒体融合的行动框架构建

体的节点位置,其传播网络以及新闻的社会地图以更多样的含义,这样一来,"新闻作为一种时空产品内嵌着人们的社会关系,体现出某种关系属性及联结程度,同时新闻又被'关系'再建构"[①]。

由此看出,媒体融合实践中的关系嵌入最重要的就是用户、传媒机构与社会之间的社会关系结构的重构。

其一,用户成为社会关系网络中的"交互节点"。在互联网的语境下,社会的结构关系已经由过去封闭的、有明确边界和身份意识的"圈"式结构向动态的、呈纽带编织状的"链"式结构发展转换。[②] 传统新闻业中的"受众"概念也随之发生了转变:从过去被动的接受者转变为主动的参与者和积极的行动者。在巨大的社会关系传播链条上,用户成为一个重要的信息交互节点。这一交互节点"不仅自身就是一个产生关系'接力'与扩散效果的信息系统,同时也是去中心化社会中的一个'中心点',并与其他节点的社会关系网络链接、结合,从而构成更大的社会网络"[③]。因此,社会形态意义之上的媒体融合首先需要回归"以用户为中心",进行聚合、生产与传播。此外,由于用户作为交互节点本身构成了个人化的信息生产系统(user generated content),因此,今后的媒体内容生产一定需要嵌入用户的关系网络,才能搭建平台、聚合议题、形成讨论并维系互动。

其二,传媒机构作为"社会对话系统"嵌入更大的社会结构之中。关系作为一种重要的资源,不仅重塑了用户作为社会关系网络中的交互节点的重要角色,同时也重构了传媒机构在网络化构形中的位置。传媒机构作为一种特殊的中介场域,在网络化的结构中必然与其他场域勾连、互嵌,可以视作用户系统(用户场域)与社会系统(社会场域)之间的一个"社会对话系统",内嵌于整个社会体系的结构之中。

[①] 麦尚文:《全媒体融合模式研究:中国报业转型的理论逻辑与现实选择》,中国人民大学出版社,2012年,第73页。

[②] 彭兰:《从社区到社会网络——一种互联网研究视野与方法的拓展》,载《国际新闻界》,2009年第5期。

[③] 麦尚文:《全媒体融合模式研究:中国报业转型的理论逻辑与现实选择》,中国人民大学出版社,2012年,第72页。

在重构之后的动态开放结构之中,三者不断整合,镶嵌关系不断显现:社会场域有效地容纳了用户场域与媒介场域的信息与文化;用户场域受控程度不断减弱,不再依附、从属于媒介场域;媒介场域不再是社会场域疏离的根源,反倒成为社会的重要凝聚力量。①

(二)政治嵌入

在沙龙·祖金和保罗·迪马吉奥看来,政治嵌入是指经济行为嵌入外部制度框架,如受到政治、法律制度约束等。② 将政治嵌入套用到媒体融合实践领域,即指媒体融合实践应当将政治逻辑放在重要位置。

有学者指出,中国的媒介体制向来如此:政府历来处于核心地位,媒体一方面发挥着动员民众的政治功能,另一方面又部分地商业化,因此,商业逻辑和政治逻辑是交织并存在于媒体中的。自2014年"传媒新政"意见和2015年"互联网+"行动计划相继出台后,媒体融合正式上升为国家战略,并从顶层设计层面为我国传统媒体转型、传媒行业发展指明了方向。不难看出,党中央提出融合发展,具有深刻的时代背景与技术背景。互联网自诞生以来,对传统媒体的冲击越来越大。特别是移动互联网兴起以后,传统媒体与新兴媒体此消彼长的势头更加迅猛,导致了传媒业内媒体格局前所未有的巨变,相当程度上削弱了舆论主阵地的引导能力。习近平总书记甚至警示道:"过不了互联网这一关,就过不了长期执政这一关。"③ 由此可见,意识形态工作极端重要,舆论主阵地更是关乎政权安危。

媒体融合不仅有助于重塑主流媒体的影响力,也能让各类媒体继续有效承担起自身的政治职责和社会责任。众所周知,媒体融合在中国是一种以政府为主导的特殊实践话语。媒体融合实质上是新形势下

---

① 麦尚文:《全媒体融合模式研究:中国报业转型的理论逻辑与现实选择》,中国人民大学出版社,2012年,第85~86页。
② S. Zukin, P. DiMaggio, *Structures of Capital: The Social Organization of the Economy*, Cambridge University Press, 1990, pp.15-20.
③ 杨振武:《把握好政治家办报的时代要求——深入学习贯彻习近平同志在党的新闻舆论工作座谈会上的重要讲话精神》,载《中国报业》,2016年第6期。

主流意识形态与媒介传播格局的深度相融。因此，在这样一种特殊语境之下，未来的融合转型之路必须要将政治逻辑嵌入融合实践。而这里的政治逻辑主要体现为：其一，在融合转型道路上，要坚持一个方向，即牢牢把握舆论主导权与话语权。其二，作为国家意识形态和主流价值观的传播载体，各级传媒主体在转型过程中应主动承担其责任，扮演好国家战略的宣传者、国家发展的推动者、国家形象的塑造者、国家建设的实践者等角色。

（三）文化嵌入

文化嵌入，按照沙龙·祖金和保罗·迪马吉奥的解释，是一种共享的集体性理解在形塑经济策略与目标上的约束和作用。[①] 在网络社会中，社会行动者不可能独立于特定的文化脉络，往往要受到集体性理解的影响，这类影响主要包括文化价值观、文化观念、文化规范等文化因素。

"无形学院"（invisible college）是克莱·舍基在《认知盈余》一书中给出的例子。"无形学院"是相较于牛津大学或者剑桥大学这样的知名学府而言的，它没有固定的集会场所，只能通过互相通信和偶尔会面维持团体关系。全体成员能接触到群体的集体知识并建立起一个合作圈，同时秉持共同的利益，相互尊重彼此的成果，因此这样的松散团体短短数年间对英国科学界做出了极大的学术贡献，它直至今天依然存在。克莱·舍基认为，使无形学院活下来并将炼金术提升为化学的，既不是工具也不是远见，而是文化。换言之，文化是作为一种潜在力量或一种协调工具而存在。

媒体融合实践同样如此，"无论从当初的技术与内容层面，还是到后来的管理与制度层面，媒介融合从来都不是一个脱离文化内涵的概念，而是一个从开始就遵循着文化逻辑的理论与实践概念"[②]。亨利·詹金斯曾在《融合文化》一书中首次提出了"融合文化"理论。

[①] S. Zukin, P. DiMaggio, *Structures of Capital: The Social Organization of the Economy*, Cambridge University Press, 1990, pp. 15–20.

[②] 郜书锴：《悖论与反思：媒介融合的文化逻辑》，载《现代视听》，2009年第2期。

他认为,媒体融合不仅仅是一种传媒现象,更是根植于社会层面的一种文化状态。他在书中深度阐释了"参与性文化""跨媒体叙事""集中智慧"等思想,对新媒体和传统媒体冲突互补浪潮中不断涌现的各种文化现象进行了解读。可见,文化是媒体融合不可忽视的一个重要维度。总而言之,媒体融合实践至少可以从三个层面嵌入互联网语境所带来的文化基因改变。

首先是宏观层面的文化嵌入,即媒体融合需要将互联网的文化逻辑嵌入其中。我们说,互联网技术构形具有开放、连接、自由、平等、去中心化等特性,因而在某种意义上也塑造了具有极强的包容性、连接性和开放性的互联网文化。在未来媒体融合的道路上,传媒必须重塑一种开放的文化视野。一方面,打开自身的运作格局,将眼光投向广阔的市场空间。正如喻国明所言,"传媒业不能仅仅盯着自己把控的一亩三分地,要在产业整合和市场协同中,在更为广阔的市场和社会空间内寻找、激活和整合相关资源形成新的社会协同以造就新的服务与新的社会功能"[①]。另一方面,将互联网时代的参与式文化真正落到实处,受众参与最为重要。拓宽受众参与的途径,激活用户间的关系链条,不仅能够提升用户黏性,提升内容品质,同时也能创造出独特的盈利方式。

其次是中观层面的文化嵌入,即媒体融合需要在把握新媒体和传统媒体各自文化取向的基础上,嵌入彼此的文化基因并使之融汇重组。彭兰指出,由于每一种媒体在发展过程中都形成了自己独有的文化,因此在媒体融合过程中,除了要面临技术、体制、机制、资本等方面的障碍,还有一种隐形的因素,即文化障碍。文化障碍的表现即新媒体与传统媒体具有不同的文化取向:传统媒体是以内容为根基的文化,而新媒体是以人为根基的文化。[②] 未来想要让新媒体和传统媒体更好地融合,一定要进行文化层面的"基因融合"。如果不能将新

[①] 喻国明:《媒介革命:互联网逻辑下传媒业发展的关键与进路》,人民日报出版社,2015年,第53~54页。

[②] 彭兰:《文化隔阂:新老媒体融合中的关键障碍》,载《国际新闻界》,2015年第12期。

媒体和传统媒体的文化基因很好地嵌入媒体转型实践，冲破文化障碍的束缚，传媒转型几乎是不可能实现的。

最后是微观层面的文化嵌入，即需要将良好的传媒组织文化嵌入媒体融合的实施过程。在媒体融合的实施过程中，融洽的工作氛围和良好的组织文化是提高融合效率的"无形之手"。良好的组织文化可以让融合成为每一位传媒从业者的自觉追求，只有通过文化解决了价值观的认同问题、凝聚力问题，才能真正激活强大的内生动力。

当下，媒体融合已经在全球范围形成了不可阻挡的趋势，更成了传统媒体在互联网传播时代维持竞争力并赖以生存的不二策略。然而，在媒体融合实践的过程中，国内不管是学界还是业界，关于媒介融合的讨论都主要是站在媒介组织内部，从媒介业务革新的逻辑来观照媒体融合实践。与国外媒体融合研究多元化的视角相比，我国媒体融合研究的理论视角单一，理论创新显得相对滞后。在这样的情势下，如何跳脱出传统新闻业态封闭的结构，摆脱对业态融合视角的路径依赖，成为摆在我们面前亟待解决的问题。

而将社会嵌入理论引入媒体融合实践中，正是基于"关系"的一种取向，恰好切中了过往媒体融合过程中的"真空地带"，对于融合新闻业实践与未来变革具有重大的现实意义。社会嵌入理论的核心概念就是"关系"。透过关系，可以更清楚地看到社会行动者是如何在动态的社会互动过程中相互影响，从而影响整体结构的。在关系取向之下，我们尝试构建起未来媒体融合的行动框架，期待有助于拓宽今后媒体融合实践的理论视野。"关系范式"作为媒体融合研究的应然范式，不仅有利于实现从"以内容为中心，以产业为延伸"的传统融合思维到"以关系为纽带，以人为中心"的创新融合路径的转换，也有助于再次确立关系视角在媒介研究中的方法论意义。

第八章 品牌权益视角下电视综艺节目品牌与节目忠诚度关联研究

近年来，随着互联网和移动终端技术的进一步发展，媒体生态和媒体格局呈现出变革的特征。对电视而言，不仅要面临行业内部激烈的收视率竞争，而且也要面对来自互联网和移动媒体的替代性竞争。在这个平台整合化、信息爆炸的时代，电视媒体如何生产出最具有品牌效益的内容，成了当下电视内容生产者亟待解决的现实问题。

在众多电视节目类型中，电视综艺节目凭借高收视率、高广告效益和高话题性，成为各大电视台媒体品牌化战略的必争之地。然而，凭借电视观众的追捧与喜爱、广告商的青睐，各大卫视近两年来近乎疯狂地制作和播出综艺节目，在一定程度上使电视综艺节目竞争出现泡沫。因此，未来电视综艺节目品牌如何打造，成了本研究展开的逻辑起点。

电视综艺节目品牌又可分为两大独立品牌，即节目品牌和主持人品牌。既往对于电视综艺节目品牌的研究中，两大独立品牌常被割裂开来单独审视，而其共属于同一品牌空间的内在联系则被忽略了。基于此，我们选取品牌权益理论作为研究视角，以湖南卫视旗下三档电视综艺王牌节目《快乐大本营》《天天向上》和《我是歌手》及其主持人（群）作为研究案例，着力解决以下几个问题：第一，在王牌综艺娱乐类节目品牌化打造中，两大独立品牌（节目、主持人）之品牌权益与节目忠诚度之间是否具有关联？第二，电视综艺节目的两大独立品牌（节目、主持人）中，哪些关键要素及其所产生的品牌效益能够对提高节目忠诚度起到至关重要的作用？第三，共享同一时空的电视综艺节目品牌与主持人品牌间存在何种关系？

第一节　品牌权益理论及相关模型构建

一、品牌权益理论

品牌权益（brand equity），又称品牌资产。此概念于 1980 年起被国外学者大量引用，侧重于一项产品或服务带给企业和消费者的一系列价值的组合，包括品牌认知、联想和忠诚度等。[1] 目前，有关品牌权益的研究主要集中在企业、管理营销领域，传媒领域的研究相对较少。在国内，少有学者将品牌权益的理论运用于传媒领域研究；在国外，学者近年来已经逐渐意识到品牌权益在激烈的传媒竞争中的重要性，并开展了一系列的相关研究。从研究主题来看，媒体品牌权益测量是最为集中的研究话题。

对于品牌权益的测量评估，美国品牌研究学者戴维·阿克所提出的品牌权益模型从五大维度做了阐述，分别是：品牌忠诚度、品牌知名度、知觉品质、品牌联想和其他专属品牌资产。[2] 另一位同样来自美国的品牌研究学者凯文·莱恩·凯勒则从消费者角度进行品牌权益评估研究，并将品牌权益定义为消费者对企业营销所产生的品牌知识（Brand knowledge）的获得差异。品牌知识及构成主要包括品牌知名度和品牌形象两大要素。[3]

当下学界对媒体品牌的研究进入一个多元化的研究阶段。就电视综艺节目而言，其品牌打造主要包含两大独立品牌，即节目品牌和主持人品牌。尹鸿认为，电视节目品牌作为电视产业的旗舰产品，具有独特魅力，也体现出观众的信任度。其包含三个维度：一是知名度，

---

[1]　黄嘉涛：《品牌资产与品牌权益的概念辨析》，载《江苏商论》，2008 年第 3 期。

[2]　D. Aaker, "Managing Brand Equity: Capitalizing on the Value of a Brand Name", *Journal of Business Research*, 1994, No. 3, pp. 247–248.

[3]　K. L. Keller, "Conceptualizing, Measuring, and Managing Customer-Based Brand Equity", *Journal of Marketing*, 1993, No. 1, pp. 2–3.

二是独特风格特点,三是稳定的质量和标准。① 胡智峰则围绕电视节目品牌的主要特征,提出电视节目品牌融稀缺性、优质性、极致性于一体。② 此外,随着近年来品牌化意识逐渐深入人心,这一概念不仅运用于产品之上,同时也被不断套用在"人"的身上,将"产品品牌"转化为"个人品牌"。陈余认为,品牌节目主持人能带给电视节目的不仅仅是市场份额,而是一种更高价值的无形资产。③ 曹广随认为,电视节目主持人品牌是主持人长时期在观众心目中留下的印象与反映,是媒体重要的品牌资产,也体现出个人价值。④ 通过文献梳理发现,目前国内对节目品牌和主持人品牌的研究主要集中在品牌本体研究、品牌打造和经营研究、国内外对比研究以及个案研究等方面。

　　品牌忠诚度是品牌权益理论中很关键的一个概念,是衡量消费者是否忠于品牌的一个维度。聚焦电视领域,品牌忠诚度等同于节目忠诚度,是电视观众在长期观看电视节目时所表现出来的一种收视行为,表现出对某一电视节目具有积极的认知和评价,并能够保证长期收看。目前,国内对节目忠诚度的研究还较少,其中又以质性研究为主。国外对节目忠诚度的研究成果则较为丰富,例如 Louisa 和 Chan-Olmsted 通过问卷调查的方式对电视网站和电视台观众进行研究并发现,电视网站作为沟通电视台和电视观众的桥梁,有利于稳固电视观众与电视台之间的关系,并且能够提升观众对电视台的收看忠诚度。⑤ Goodhardt 和 Ehrenberg 采用实证研究的方法,考察电视观众的忠诚度并发现经常收看某一频道的某一节目电视观众往往会爱屋及

---

① 尹鸿、冉儒学:《媒介超级市场背景下的电视品牌理念及策略》,载《南方电视学刊》,2001年第5期。
② 胡智锋:《电视品牌的特征及创建》,载《中国电视》,2003年第9期。
③ 陈余:《主持人在电视节目中的品牌定位》,载《传媒评论》,2015年第2期。
④ 曹广随:《消费文化视域下电视节目主持人品牌塑造》,载《青年记者》,2014年第24期。
⑤ H. Louisa, S. M. Chan-Olmsted, "Cross-Media Use in Electronic Media: The Role of Cable Television Web Sites in Cable Television Network Branding and Viewership", *Journal of Broadcasting & Electronic Media*, 2004, No. 48, pp. 620—645.

鸟,收看该频道的其他节目,足以见得忠诚度对收视行为的影响力。[1]

二、品牌权益相关模型

(一) 研究模型

虽然品牌权益有较为成熟的理论模型,但结合本研究的具体情况,仍需要梳理出适合本研究的研究模型,具体而言包括:

1. 节目品牌权益评估模型的构建

Aaker 和 Keller 对品牌权益的评估是要探讨消费者和产品之间的一种关系,而我们要考察的是电视观众对其品牌权益的感知,因此一定程度上可以借鉴 Aaker 和 Keller 的评估模型。但由于 Aaker 和 Keller 的评估模型有重合之处,所以我们在其基础上进行了综合,最终将电视综艺节目品牌的品牌权益评估分为三个部分:品牌知名度、知觉品质和品牌形象,如图 8-1 所示。

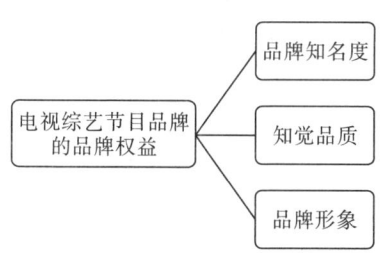

图 8-1 电视综艺节目品牌的品牌权益评估模型

2. 主持人品牌权益评估模型构建

主持人品牌是一种个人品牌,对其的评估没有成熟的模型可以借鉴。目前学界对个人品牌的研究侧重探讨消费者与个人品牌之间建立起来的各种关系,而心理学中以依附理论(Attachment Theory)为代表的理论则是专门考察一个人对某个人的情感联结强度。因此,在

---

[1] G. J. Goodhardt, A. S. C. Ehrenberg, "Duplication of Television Viewing Between and Within Channels", *Journal of Marketing Research*, 1969, No. 2, pp. 169-178.

主持人品牌评估部分,我们希望借用依附理论的相关知识来进行模型构建。

依附理论是认知心理学中比较成熟的一种理论,它是指人们在年幼时会因社会及情感需求而对父母等角色产生依附情感,并进而产生某种强烈的联结关系。电视观众在收看电视节目时,第一时间接触到的对象就是主持人,观众对于主持人的依附程度能够在一定程度上反映出主持人的个人能力。影响人们依附情感强弱的要素主要与人们的基本社会及情感需求有关,在这些要素中,自主性(autonomy)、关联性(relatedness)和能力(competence)最为关键。人们若在此三个面向上的需求能够被满足,便会有较大的可能性对该个人品牌产生依附感,由此产生较高的品牌权益。[1] 其中,自主性指的是某个人认知其个人行为的自由度及掌控度,关联性指的是某个人维持与他人之间亲近关系的需求,而能力指的是某个人追求效率、成功和挑战的需求。[2]

除了依附理论以外,近年来,学界还有一组模型比较常被用于个人品牌的研究,即来源可信度模型(source-credibility model)和来源吸引力模型(source-attractiveness model)。来源可信度模型主要包括两个方面:专业度和可信任度。其中专业度是指信息接收者对于传播者专业水平的评价和感知,可信任度是指信息接收者对传播者传播内容可信任程度的感知。[3] 来源吸引力模型源自社会心理学,是指信息的传播效力取决于信息接收者对信息来源在熟悉度(familiarity)、喜好度(likability)和吸引力(attractiveness)等变量上的程度感知。其中,熟悉度指的是信息接收者对信息来源相关背景及特质的认识程度,喜好度为信息接收者对信息来源的好感程度,吸引力为信

---

[1] S. S. Kleine, S. M. Baker, An Integrative Review of Material Possession Attachment, *Academy of Marketing Science Review*, 2004, No.1, pp.4–41.

[2] M. Thomson, Human Brands: Investigating Antecedents to Consumers' Strong Attachments to Celebrities, *Journal of Marketing*, 2006, No.3, pp.104–119.

[3] C. I. Hovland, I. L. Janis, H. H. Kelley, *Communication and Persuasion*, Yale University Press, 1953, pp.8–80.

源外形及个性等特质对信息接收者的吸引程度。①

综合以上对于个人品牌研究的理论模型,结合本研究实际情况,我们初步建构出适用于对主持人品牌研究的评估模型,如图8-2所示。

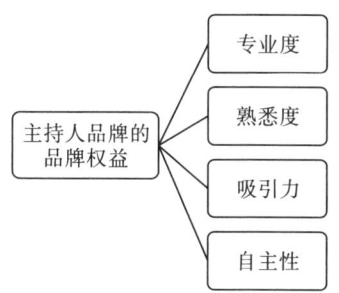

图8-2 主持人品牌权益评估模型

3. 节目忠诚度评估模型构建

我们借鉴 Aaker 在品牌权益评估模型中的品牌忠诚度这一要素来评估节目忠诚度,并综合以往学者对节目忠诚度的界定,将节目忠诚度评估分为态度和行为两个层面,如图8-3所示。

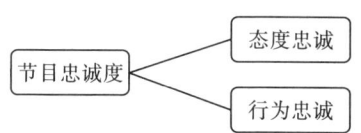

图8-3 节目忠诚度评估模型

(二)研究假设和研究问题

根据评估模型,本书的研究假设和研究问题如下:

研究假设一:电视综艺节目品牌之品牌权益(品牌知名度、知觉品质、品牌形象)会对节目忠诚度有正向影响。

研究假设二:主持人品牌(专业度、熟悉度、吸引力、自主性)

---

① E. Aronson, P. Worchel, "Similarity Versus Liking as Determinants of Interpersonal Attractiveness", *Psychonomic Science*, 1966, No. 4, pp. 157-158.

会对节目忠诚度有正向影响。进一步细化后包括：节目品牌知名度（H1a）、节目品牌形象（H1b）、节目知觉品质（H1c）、主持人专业度（H2a）、主持人熟悉度（H2b）、主持人吸引力（H2c）、主持人自主性（H2d）分别会对节目忠诚度有正向影响。

此外，为更好地达到研究目的，本书特别提出两个研究问题：

RQ1：电视综艺节目品牌及主持人品牌之间是否存在相互影响？

RQ2：电视综艺节目品牌及主持人品牌中，哪些关键要素会对节目忠诚度起到较大作用？

第二节 电视综艺节目品牌与节目忠诚度的测量

一、变量的测量

（一）自变量：节目品牌与主持人品牌

根据上文提出的研究测量模型，我们将电视综艺节目品牌的测量分为三个维度，分别是：品牌知名度、知觉品质和品牌形象。将主持人品牌的测量分为四个维度，分别是：专业度、熟悉度、吸引力、自主性。针对电视观众对电视综艺节目品牌的品牌权益和主持人品牌权益的感知，我们在成熟量表的基础上进行了适当修正，得到更符合本研究模型的测量题项，并采用李克特（Likert）七分量表进行测量。

在借鉴 Yoo and Donthu（1997）、Yoo and Donthu（2001）等人研究的基础上，我们对品牌知名度下设五个题项进行测量："我知道这个（这些）节目"，"说起电视综艺节目，我会先想到这个（这些）节目"，"我对这个（这些）节目很熟悉"，"我很容易记住这个（这些）节目的名称"，"我很容易从同类电视节目中识别出这个（这些）节目"。

在借鉴 Yoo and Donthu（1997）、Keller（1998）等人研究的基础上，我们对品牌知觉品质下设四个题项进行测量："我觉得这个（这些）节目品质很好"，"我觉得这个节目（这些）内容很可靠"，"我从这个（这些）节目中获取的内容信息对我有帮助"，"我觉得这个（这些）节目实用性很强"。

在借鉴 Yoo and Donthu（1997）、Aaker（1996）、Tong（2009）等人研究的基础上，我们对品牌形象下设五个题项进行测量："我知道这个（这些）节目的节目风格"，"和其他卫视同类型综艺节目相比，这个（这些）节目很独特"，"这个（这些）节目设计新颖、制作精良"，"这个（这些）节目能够带给我快乐"，"我喜欢这个（这些）节目的整体形象"。

在借鉴 La Guardia（2000）、Spry（2011）等人研究的基础上，我们对主持人专业度下设四个题项进行测量："我觉得这个（这些）节目主持人是极其专业的"，"我觉得这个（这些）节目主持人是有经验的"，"我觉得这个（这些）节目主持人是领导力很强"，"我能够很快找到这个（这些）主持人身上的主持人特质（如口才一流、节奏掌控好、应变能力强）"。

在借鉴 Shimp（2007）研究的基础上，我们对主持人熟悉度下设三个题项进行测量："我听过这个（这些）主持人名字"，"我经常在电视上看到这个（这些）主持人"，"在众多节目主持人中，我能很快认出这个（这些）主持人来"。

在借鉴 La Guardia（2000）研究的基础上，我们对主持人吸引力下设四个题项进行测量："我觉得这个（这些）主持人形象、气质很好"，"我觉得这个（这些）主持人是很有魅力的"，"我觉得这个（这些）主持人是很幽默的"，"我觉得这个（这些）主持人是富有知识的"。

在借鉴 Thomson（2006）研究的基础上，我们对主持人自主性下设两个题项进行测量："我觉得这个（这些）主持人在主持时是自由的"，"我觉得这个（这些）主持人的主持方式是让我感到自在的"。

（二）因变量：节目忠诚度

根据上文提出的理论模型，我们将节目忠诚度的测量分为态度忠诚和行为忠诚两个层面。针对电视观众对节目忠诚度的感知，我们采用李克特（Likert）七分量表进行测量，在借鉴 Yoo and Donthu（1997）、Chaudhur（1999）等人研究的基础上，下设六个题项进行测量:"我对这个(这些)节目具有正面评价(态度)","我认为我是这个(这些)节目的忠实观众(态度)","我对这个(这些)节目感到基本满意(态度)","我会优先选择这个(这些)节目进行观看(行为)","我会推荐朋友看这个(这些)节目(行为)","我会持续关注这个(这些)节目(行为)"。

二、问卷的信度和效度

在进入正式问卷发放之前,我们对问卷中所使用的量表进行了逐一信度检验。关于电视节目品牌权益、主持人品牌权益和节目忠诚度三部分中的变量维度信度检验结果,见表8-1。

表8-1 问卷量表信度分析

变量	变量维度	Cronbach's Alpha	题项数
电视节目品牌权益	品牌知名度	0.956	5
	知觉品质	0.912	4
	品牌形象	0.938	5
	总体	0.962	14
主持人品牌权益	专业度	0.944	4
	熟悉度	0.959	3
	吸引力	0.952	4
	自主性	0.851	2
	总体	0.973	13
节目忠诚度	节目忠诚度	0.953	6

此外,我们利用KMO检验和Bartlett球形检验方法对问卷的效度进行了检测。其中,电视节目品牌权益、主持人品牌权益和节目忠诚度的KMO测度分别为0.950、0.956和0.919,Bartlett的球形度检验的p值也都为0.000(见表8-2)。因此,本研究问卷具有较强的效度。

表 8-2 KMO 和 Bartlett 的检验

特征变量	KMO 测度	Bartlett 的球形度检验		
		近似卡方值	df	Sig.
电视节目品牌权益	0.950	6817.808	91	0.000
主持人品牌权益	0.956	7231.243	78	0.000
节目忠诚度	0.919	2723.289	15	0.000

三、样本描述

在抽样方法上,我们采用了方便样本这一方式。最终,共回收样本 450 份,在剔除答题无效样本后,有效样本为 439 份,有效样本率为 97.5%。在有效样本中,男性 159 人,占 36.22%;女性 280 人,占 63.78%。年龄方面,以 21~30 岁最多,占到样本总量的 68.56%。职业方面,以学生群体居多,占 62.64%,其次是企业职员和专业类人士,分别占 13.67%、8.88%。学历方面,以研究生和本科生群体居多,共占到样本总量的 85.87%。收入方面,由于学生群体居多,因此一半左右(51.48%)接受调查的对象月收入在 2000 元及以下。每周观看综艺节目时长方面,接近一半(44.56%)的调查对象每周观看综艺节目的时长在 2~3 小时。

第三节 电视综艺节目品牌与节目忠诚度之关系验证

为验证本研究所提出的研究假设,我们首先采用 Pearson 法对品牌知名度在内的七个自变量和节目忠诚度这一因变量行相关分析,分析结果见表 8-3。研究发现:品牌知名度与节目忠诚度之间($r=0.648$,$p=0.00$)、知觉品质与节目忠诚度之间($r=0.785$,$p=0.00$)、品牌形象与节目忠诚度之间($r=0.825$,$p=0.00$)、主持人专业度与节目忠诚度之间($r=0.742$,$p=0.00$)、主持人熟悉度与节目忠诚度之间($r=0.682$,$p=0.00$)、主持人吸引力与节目忠诚度之间($r=0.818$,$p=0.00$)、自主性与节目忠诚度之间($r=0.736$,p

=0.00)均呈现出 0.01 水平上的显著性。因此，研究假设 H1 成立，研究假设 H1a、H1b、H1c、H2a、H2b、H2c、H2d 全部得到支持。

表 8-3　电视综艺节目品牌及主持人品牌中各要素与节目忠诚度的相关分析统计结果

编码	变量	1	2	3	4	5	6	7	8
1	品牌知名度	1							
2	知觉品质	0.595**	1						
3	品牌形象	0.794**	0.784**	1					
4	专业度	0.739**	0.642**	0.811**	1				
5	熟悉度	0.797**	0.546**	0.772**	0.823**	1			
6	吸引力	0.698**	0.683**	0.813**	0.879**	0.813**	1		
7	自主性	0.592**	0.653**	0.722**	0.718**	0.676**	0.800**	1	
8	节目忠诚度	0.648**	0.785**	0.825**	0.742**	0.682**	0.818**	0.736**	1

注：**表示在 0.01 水平（双侧）上显著相关。

其次，我们同样采用 Pearson 法对电视节目品牌和主持人品牌之间关系进行检验，分析结果见表 8-4。电视节目品牌和主持人品牌之间（$r=0.857$，$p=0.00$）呈现出 0.01 水平上的显著性。

表 8-4　电视综艺节目品牌及主持人品牌的相关分析统计结果

编码	变量	1	2
1	电视节目品牌之品牌权益	1	
2	主持人品牌	0.857**	1

注：**表示在 0.01 水平（双侧）上显著相关。

接下来，我们以节目忠诚度作为因变量，以品牌知名度、知觉品质等作为自变量，进行简单多元回归分析。表 8-5 为模型汇总表，以节目品牌形象、主持人吸引力、节目知觉品质、主持人自主性预测节目忠诚度的变化，研究发现，从 R 平方值提供回归变异量，显示以此四变量预测节目忠诚度呈现出 78.4% 的解释力，大于 50%，调

整后的 R 平方解释力为 78.2%，显示该解释力具有统计意义。

表 8-5　模型汇总

模型	R	R 方	调整 R 方	标准误差
1	0.825^a	0.681	0.681	0.78713
2	0.863^b	0.745	0.744	0.70511
3	0.884^c	0.781	0.780	0.65358
4	0.885^d	0.784	0.782	0.65035

注：a 为预测变量，表示品牌形象。
　　b 为预测变量，表示品牌形象、吸引力。
　　c 为预测变量，表示品牌形象、吸引力、知觉品质。
　　d 为预测变量，表示品牌形象、吸引力、知觉品质、自主性。

表 8-6 为方差分析表，显示了回归拟合过程中每一步方差分析结果。从表中可以看出四个模型所对应的 p 值均为 0.000，意味着远远小于其对应的显著性水平 α，可以判断回归方程是非常显著的。

表 8-6　Anova^e

模型		平方和	df	均方	F	Sig.
1	回归	579.155	1	579.155	934.767	0.000^a
	残差	270.753	437	0.620		
	总计	849.908	438			
2	回归	633.140	2	316.570	636.739	0.000^b
	残差	216.768	436	0.497		
	总计	849.908	438			
3	回归	664.093	3	221.364	518.223	0.000^c
	残差	185.815	435	0.427		
	总计	849.908	438			

续表 8-6

模型		平方和	df	均方	F	Sig.
4	回归	666.346	4	166.587	393.865	0.000^d
	残差	183.562	434	0.423		
	总计	849.908	438			

注：a 为预测变量，表示品牌形象。
b 为预测变量，表示品牌形象、吸引力。
c 为预测变量，表示品牌形象、吸引力、知觉品质。
d 为预测变量，表示品牌形象、吸引力、知觉品质、自主性。
e 为因变量，表示节目忠诚度。

表 8-7 为系数表，给出了自变量的非标化系数和标准化系数，以及对应的 t 值和 p 值。由品牌形象（$\beta=0.269$）、吸引力（$\beta=0.348$）、知觉品质（$\beta=0.303$）、自主性（$\beta=0.088$）得到的回归方程为：

节目忠诚度 $=-0.134+0.269*$ 品牌形象 $+0.348*$ 吸引力 $+0.303*$ 知觉品质 $+0.088*$ 自主性

此外，各个自变量对应的 p 值，分别为品牌形象（$p=0.000$）、吸引力（$p=0.000$）、知觉品质（$p=0.000$）、自主性（$p=0.021$），说明这四个自变量对节目忠诚度的影响是显著的。综上来看，统计分析中所建立的回归模型是非常适合的。

到这里，可以回答研究问题二。我们通过多元回归分析中的逐步筛选法，将节目知名度、主持人专业度、熟悉度这三个对节目忠诚度不显著的变量剔除，留下知觉品质、品牌形象、主持人吸引力、自主性这四个变量。再通过进一步的数据分析发现，它们对节目忠诚度的影响要素大小排序依次是：吸引力＞知觉品质＞品牌形象＞自主性。

表 8—7　系数^a

模型		非标准化系数		标准系数	t 值	Sig.
		β	标准误差			
1	（常量）	0.446	0.151		2.947	0.003
	品牌形象	0.868	0.028	0.825	30.574	0.000
2	（常量）	−0.041	0.143		−0.287	0.774
	品牌形象	0.498	0.044	0.474	11.405	0.000
	吸引力	0.447	0.043	0.433	10.420	0.000
3	（常量）	−0.097	0.133		−0.732	0.465
	品牌形象	0.279	0.048	0.265	5.802	0.000
	吸引力	0.404	0.040	0.391	10.069	0.000
	知觉品质	0.318	0.037	0.310	8.512	0.000
4	（常量）	−0.134	0.133		−1.006	0.315
	品牌形象	0.269	0.048	0.255	5.598	0.000
	吸引力	0.348	0.047	0.337	7.467	0.000
	知觉品质	0.303	0.038	0.296	8.067	0.000
	自主性	0.088	0.038	0.089	2.308	0.021

注：a 为因变量，表示节目忠诚度。

第四节　电视综艺节目与节目忠诚度之关联结果

一、电视综艺节目品牌及主持人品牌对培育节目忠诚度具有正向作用

品牌忠诚度是衡量消费者是否忠于品牌的一个有效维度，长期以来一直是市场营销领域的核心概念。在本研究中，电视综艺节目品牌的品牌权益由品牌知名度、品牌形象的节目觉察联想以及知觉品质三部分组成。整体而言，这些相关要素是由电视观众记忆中与品牌相关

的各种品牌联想和品牌节点所构成的。研究发现,观众对电视节目品牌权益的感知和对主持人品牌权益的认识会影响其忠诚度的形成和延续。在电视媒体日渐式微的今天,这一发现显得尤为重要。

我从初中开始就看《快乐大本营》,那个时候觉得怎么会有一档如此搞笑的节目。它就像一种符号存在在我的脑海里,每每联想到国内好看的综艺节目,它始终不会掉出前三的位置。到现在,虽然十年过去了,我仍然觉得这档节目还是保持着它的品牌竞争力,从一个很简单的事情就可以看出:有些平时不怎么愿意上综艺节目的明星,最后还是接受了它的邀请,这就是有档次的节目的号召力和影响力。(受访者TXH)

我是这档节目(指《我是歌手》)的忠实粉丝,从第一季到第四季,每期我都不落下。在第三季的时候,我痴迷到节目开播前一个月就会在网上去搜索会有哪些首发歌手。另外,我还关注了一个叫"@灯灯HOHO"的新浪微博,他会提前一周剧透下一期的竞演曲目和排名,虽然我知道剧透会让观看过程少一些新鲜感,但我还是会忍不住点进去看。(受访者ZT)

同时,我们还将主持人视作一个独立的品牌进行考察。主持人不仅是一档电视节目的人格化符号,同时也是节目的代言人,其人格魅力和专业水平的高低决定了电视观众对于一档节目的主观评价。通过调查电视观众对主持人的专业度、熟悉度、吸引力和自主性这四个方面的感知和评价,我们发现,在一档电视节目中,一个好的节目主持人往往能把握住与电视观众的互动,吸引住观众的目光,从而产生一种收视黏性。具有品牌价值的主持人能让电视观众在长期收看的过程中产生忠诚态度,继而做出重复选择该节目进行收看的忠诚行为。

二、创造忠诚度的关键要素:吸引力、知觉品质、品牌形象和自主性

根据统计分析,我们发现,在电视综艺节目品牌和主持人品牌的各要素中,对于忠诚度的影响依次为:吸引力、知觉品质、品牌形象

和自主性。

在主持人吸引力方面,我们认为,主持人吸引力即等同于个人魅力,体现出强烈的个性风格。在以往有关主持人核心竞争力的研究中,对主持人个人魅力的探讨居多,包括语言表达、外在形象、基本功等方面。随着电视综艺节目的发展,只是有个人魅力的主持人已经不能满足电视观众日趋刁钻的收视口味,其个性成为电视观众越来越看重的品质。

我还挺看重主持人有没有个性的,比如说央视有很多专业性很强的主持人,但当他们主持娱乐节目的时候我就觉得怪怪的,各种尴尬。但你看像汪涵、欧弟这种,就非常与众不同。汪涵身上有股学者范,他说什么你都会觉得好有哲理,会对他产生"荷尔蒙",除此之外他还兼具"综艺范儿",总是能在嘉宾或其他主持人话题上找到"梗";欧弟也是一个很不错的娱乐节目主持人,他放得开,多才多艺,也总是能够在节目中起到画龙点睛的作用。(受访者CW、ZRY)

知觉品质属于观众对电视节目的一种感性认识,而且观众的看法往往带有自己的偏好。当下的电视市场已然由卖方市场变为了买方市场,观众注意力逐渐成为一种稀缺资源。一档电视节目包括内容和形式两方面,观众对于节目的感知、判断也往往从这两方面进行。因此,电视观众对于品牌节目的内容和形式的整体感知往往能有效预测品牌忠诚度。也就是说,如果电视观众在收看过程中能够感知到节目内容和形式的不断变化,而且这些变化能满足他们的特定需求、认知和偏好,那么观众对该品牌的忠诚度往往能形成。

我记得《快乐大本营》有个新版块叫作"我想静静",当它推出的时候我都惊呆了,居然能够有如此接地气的游戏设计,感受得出来制作团队是用了心的!再比如像"谁是卧底"这个版块推出的时候也正是三国杀、狼人杀等类似桌游流行的时候。(受访者WZ)

Shaughnessy在关注消费者的品牌忠诚度生成时曾发现,消费者会基于过往经验而对特定品牌产生一定的信赖和期望,甚至在面临选择情境时忽略可能遇到的风险,进而做出重复选择该产品的忠诚行为。[①] 在这种情况下,我们可假设电视观众在观看电视节目时有可能习惯性地选择能唤起其品牌联想、具有品牌知名度和品牌形象的节目进行收看,从而对这类节目保持一种行为上的忠诚。品牌形象是观众对一档电视节目整体上的认识和评价,电视观众会根据过往经验选择具有良好品牌形象的节目进行收看。具有好的品牌形象的节目,本身就能够吸引住一大批电视观众。

主持人的自主性则体现为主持人与观众的互动能力,也体现为主持人的现场掌控力。电视观众在收看一档有节目主持人的电视节目时,往往看重的是与主持人之间的黏合程度。电视节目主持人与其他主持人不同,基于电视这种媒介本身的特性,电视节目能够同时呈现出主持人的声音以及影像,能够使观众产生一种临场感,如此"有距离的亲近感"能让电视观众想象自己与电视生产者之间存在一种面对面的亲近关系。这种亲近关系在观众和主持人之间体现得最为明显,从某种意义上说,观众与镜头里通过讲话方式来传递节目信息的主持人形成一种"准社会互动"。自主性越强的主持人,往往能越与观众达成契合和认同,使观众形成临场感,进而形成人际忠诚。

我对这场比赛(《我是歌手》第三季总决赛)还记忆犹新,当我听到孙楠要退赛的时候,我自己都觉得好不可思议。他退赛了别的选手怎么办?比赛赛制又该怎么调整?不过我的担心可能就持续了不到一分钟,因为我觉得汪涵肯定能搞定,最终,他也做到了!他的现场掌控力与应变能力,在国内主持界真是算顶尖的。(受访者 LSC)

三、电视节目品牌和主持人品牌借由"品牌合作"达成协同效应

Kotler 和 Pfoertsch 对于品牌管理策略研究发现,最常被组织管

[①] J. Shaughnessy, *Explaining Buyer Behavior: Central Concepts and Philosophy of Science Issues*. Oxford University Press, 1992, p. 229.

理者用来强化品牌效益的两个策略取径分别是：品牌延伸（brand extension）和品牌合作（co-brand）。① 品牌合作指共享同一空间的两个独立品牌能够以策略联盟的方式来共同达成品牌协同。

通过研究，我们发现电视节目品牌和主持人品牌这两个元素之间天然存在一种互动关系，彼此联系紧密。换言之，一档高质量的节目能够带动主持人的成长，相反，一个主持人常常因为一档节目而被电视观众熟知，之后又对节目的发展起到反哺的作用。因此，电视节目品牌和主持人品牌作为两个独立的品牌，是可以在同一时空下共享品牌效应的，并且两者之间能够相互配合、协调回馈、彼此牵引，继而形成一种管理学上的一个重要概念：协同效应。

近年来，中国电视综艺领域可谓全面开花。然而，由于目前电视综艺节目在制作过程中原创性不足、模仿抄袭现象普遍，真正称得上具有品牌价值的综艺节目寥寥无几。在此情况下，电视综艺节目的制作者亟待跳脱过往的制播框架，唯有不断创新，提升节目的品牌价值，才能既获得观众好评，又获得广告主青睐。

本书将运作良久的电视综艺节目作为关注对象，以品牌权益的理解视域作为研究角度，初步尝试厘清了赢得电视综艺节目忠诚度的要素与结构。本书的研究发现也为未来的电视综艺节目生产者提供了一些管理和经营思路。具体而言，在今后的电视综艺节目打造过程中，电视生产者应以品牌权益的视角去整合优势节目和优势主持人，强化和突出优势节目和优秀节目主持人的品牌权益，采取品牌合作的策略，将好的节目与好的节目主持人进行协调组合，发挥彼此间互馈的作用；抓住一些关键性的要素结构来进行节目品牌和主持人品牌的打造。比如，通过悉心建构及维系起电视观众对节目的相关形象感知，创造具有独特性和可看性的节目单元；大力选拔一批极具个人魅力和吸引力的主持人，依据其不同的性格特质为其量身定做一定类型的节目，努力培育起主持人与观众之间的黏着度等。

---

① P. Kotler, W. Pfoertsch, *Basics of Ingredient Branding*, Springer, 2010, pp. 15–53.

参考文献

一、中文文献

（一）专著

包亚明. 权力的眼睛——福柯访谈录［M］. 严锋，译. 上海：上海人民出版社，1997.

北京大学哲学系. 西方哲学原著选读（上卷）［M］. 北京：商务印书馆，1981.

宫承波. 新媒体概论［M］. 北京：中国广播电视出版社，2009.

韩连庆. 逆流而思：科技哲学史话［M］. 长沙：湖南科学技术出版社，2010.

何明升，白淑英. 网络互动：从技术幻境到生活世界［M］. 北京：中国社会科学出版社，2008.

胡泳. 另类空间——网络胡话之一［M］. 北京：海洋出版社，1999.

刘海龙. 大众传播理论：范式与流派［M］. 北京：中国人民大学出版社，2008.

麦尚文. 全媒体融合模式研究：中国报业转型的理论逻辑与现实选择［M］. 北京：中国人民大学出版社，2012.

谢立中，阮新邦. 现代性、后现代性社会理论：诠释与评论［M］. 北京：北京大学出版社，2004.

喻国明. 媒介革命：互联网逻辑下传媒业发展的关键与进路［M］. 北京：人民日报出版社，2015.

赵毅衡. 符号学：原理与推演［M］. 南京：南京大学出版社，2016.

中共中央马克思恩格斯列宁斯大林著作编译局. 马克思恩格斯选集（第4卷）［M］. 北京：人民出版社，1995.

（二）论文

毕芙蓉. 文化资本与符号暴力——论布迪厄的知识社会学［J］. 理论探讨，2015（01）：53-56.

曹广随. 消费文化视域下电视节目主持人品牌塑造［J］. 青年记者，2014（24）：74-75.

曾祥敏，朱玉芳. 专业媒体用户生产内容的求证机制研究［J］. 当代传播，2015（03）：21-24.

陈培婵. 电视消费文化的重构——基于2013—2015年电视综艺节目发展特点的研究［J］. 现代传播（中国传媒大学学报），2015（08）：166-167.

陈文化，谈利兵. 关于21世纪技术哲学研究的几点思考［J］. 华南理工大学学报（社会科学版），2000（02）：23-28.

陈先红. 论新媒介即关系［J］. 现代传播（中国传媒大学学报），2006（03）：54-56.

陈余. 主持人在电视节目中的品牌定位［J］. 传媒评论，2015（02）：74-75.

高亮华. 希望的革命——弗洛姆论技术的人道化［J］. 自然辩证法研究，1997（02）：13-17.

郜书锴. 悖论与反思：媒介融合的文化逻辑［J］. 现代视听，2009（02）：37-41.

侯仕军. 社会嵌入概念与结构的整合性解析［J］. 江苏社会科学，2011（02）：92-100.

胡翼青. 为媒介技术决定论正名：兼论传播思想史的新视角［J］. 现代传播（中国传媒大学学报），2017（01）：51-56.

胡智锋. 电视品牌的特征及创建［J］. 中国电视，2003（09）：71-74.

黄旦，李暄. 从业态转向社会形态：媒介融合再理解 [J]. 现代传播（中国传媒大学学报），2016（01）：13-20.

黄旦. 领域·关系·学科——全美传播学会（NCA）第84次年会印象和启示 [J]. 现代传播（北京广播学院学报），1999（01）：54-57.

黄嘉涛. 品牌资产与品牌权益的概念辨析 [J]. 江苏商论，2008（03）：144-145.

黄健，王东莉. 数字化生存与人文操守 [J]. 自然辩证法研究，2001（10）：48-51.

蒋晓丽，朱亚希. 裂变·跨界·创新："互联网+传媒业"的三重图景 [J]. 新闻爱好者，2015（12）：16-20.

蒋晓丽. 走向符号学：新闻学研究的拓展与深化 [J]. 中外文化与文论，2015（03）：1-8.

金萍华，芮必峰. "身体在场"：网络交往研究的新视角 [J]. 新闻与传播研究，2011（05）：12-16.

林德宏. 从自然生存到技术生存 [J]. 科学技术哲学研究，2001（04）：1-3.

林德宏. 技术生存的内在矛盾 [J]. 自然辩证法研究，2004（02）：73-75.

林慧岳，黎昔柒，夏凡. 海德格尔人与世界关系的思想及其当代启示 [J]. 淮阴师范学院学报（哲学社会科学版），2011（06）：725-728.

林学俊. 从人与自然的关系看技术生存异化的根源及其超越 [J]. 科学技术与辩证法，2008（04）：67-71.

刘拥华. 空间、权力与寻找政治——以鲍曼为中心的考察 [J]. 人文杂志，2014（07）：92-101.

麦尚文. "关系"编织与传媒聚合发展——社会嵌入视野中的传媒产业本质诠释 [J]. 国际新闻界，2010（01）：51-54.

毛章清，胡雍昭. 胡翼青：重新发现传播学——从海德格尔的技术哲学谈起 [J]. 国际新闻界，2016（02）：170-173.

孟盈. 论媒介与社会关系在发展中的交互促进 [J]. 复旦学报（社会科学版），2010（04）：136-140.

欧阳宏生，朱婧雯. 意义·范式与建构——认知传播学研究的几个关键问题 [J]. 现代传播（中国传媒大学学报），2016（09）：14-20.

潘霁. 恢复人与技术的"活"关系：对"使用与满足"理论的反思 [J]. 国际新闻界，2016（09）：77-87.

彭兰. 从社区到社会网络——一种互联网研究视野与方法的拓展 [J]. 国际新闻界，2009（05）：89-94.

彭兰. 文化隔阂：新老媒体融合中的关键障碍 [J]. 国际新闻界，2015（12）：125-139.

彭兰. 更好的新闻业，还是更坏的新闻业？——人工智能时代传媒业的新挑战 [J]. 中国出版，2017（24）：3-8.

戚攻. 网络社会在社会结构中的"位置"[J]. 社会，2004（02）：50-52.

戚攻. 网络社会的本质：一种数字化社会关系结构 [J]. 重庆大学学报（社会科学版），2003（01）：148-151.

秦汉. 媒介体制：一个亟待梳理的研究领域——专访加利福尼亚大学圣地亚哥分校传播学院教授丹尼尔·哈林 [J]. 国际新闻界，2016（02）：73-83.

隋岩，姜楠. "能指狂欢"的三种途径——论能指的丰富性在意义传播中的作用 [J]. 编辑之友，2014（03）：58-65.

童星，罗军. 网络社会：一种新的、现实的社会存在方式 [J]. 江苏社会科学，2001（05）：116-120.

王冠. "网络社会"概念的社会学建构 [J]. 学习与实践，2013（11）：118-124.

王茜. 打开算法分发的"黑箱"——基于"今日头条"新闻推送的量化研究 [J]. 新闻记者，2017（09）：7-14.

吴苑华. 从自然生存到技术生存再到生态生存——威廉·莱易斯的"控制自然"理论之生存生态论旨向 [J]. 自然辩证法研究，2010

(12): 75-80.

徐峰. 媒体融合仍处于艰难的破题阶段——黄楚新访谈录 [J]. 新闻论坛, 2015 (05): 44-45.

杨丽萍. 谈话节目场域中的符号暴力 [J]. 电视研究, 2010 (01): 64-66.

尹鸿, 冉儒学. 媒介超级市场背景下的电视品牌理念及策略 [J]. 南方电视学刊, 2001 (05): 4-6.

喻国明, 刘瑞一, 武丛伟. 新闻人的价值位移与人机协同的未来趋势——试论机器新闻写作对于新闻生产模式的再造效应 [J]. 新闻知识, 2017 (02): 3-6.

喻国明. 媒体内容传播应嵌入社会关系渠道中 [J]. 今传媒, 2016 (11): 171-172.

喻国明. "关系革命"背景下的媒体角色与功能 [J]. 新闻与写作, 2012 (03): 57-58.

张超, 钟新. 从比特到人工智能: 数字新闻生产的算法转向 [J]. 编辑之友, 2017 (11): 63-68.

张金鹏. 超级全景监狱: 信息方式下的权力技术——波斯特论信息方式下的统治模式 [J]. 南京社会科学, 2007 (08): 40-45.

张天勇. 技术异化与现代性的走向——海德格尔与鲍德里亚的视域 [J]. 科学技术哲学研究, 2015 (02): 63-67.

张文桥, 王浣尘, 陈明义. 网络社会初探 [J]. 上海交通大学学报 (社会科学版), 2001 (03): 74-78.

赵毅衡, 陆正兰. 元语言冲突与阐释漩涡 [J]. 文艺研究, 2009 (03): 5-12.

郑中玉, 何明升. "网络社会"的概念辨析 [J]. 社会学研究, 2004 (01): 16-24.

周海英. 从媒介环境学看新媒体对社会的影响 [J]. 兰州学刊, 2009 (06): 165-169.

周逵. 作为传播的游戏: 游戏研究的历史源流、理论路径与核心议题 [J]. 现代传播 (中国传媒大学学报), 2016 (07): 25-31.

周立斌. 从"物化"到"座架"——试论海德格尔现代技术批判理论的哲学轨迹[J]. 东北大学学报（社会科学版），2007（02）：105-109.

周宪. 技术导向型社会的批判理性建构[J]. 南海学刊，2016（03）：1-8.

（三）译著

安德鲁·芬伯格. 技术批判理论[M]. 韩连庆，曹观法，译. 北京：北京大学出版社，2005.

布鲁克·诺埃尔·穆尔，肯尼思·布鲁德. 思想的力量：哲学导论[M]. 李宏昀，译. 上海：上海社会科学院出版社，2009.

戴维·斯沃茨. 文化与权力[M]. 陶东风，译. 上海：上海译文出版社，2006.

哈贝马斯. 作为"意识形态"的技术与科学[M]. 李黎，郭官义，译. 上海：学林出版社，1999.

亨利·詹金斯. 融合文化：新媒体和旧媒体的冲突地带[M]. 杜永明，译. 北京：商务印书馆，2012.

简·梵·迪克. 网络社会——新媒体的社会层面[M]. 蔡静，译. 北京：清华大学出版社，2014.

简·麦戈尼格尔. 游戏改变世界[M]. 闾佳，译. 杭州：浙江人民出版社，2012.

卡尔·波兰尼. 大转型：我们时代的政治与经济起源[M]. 冯刚，刘阳，译. 杭州：浙江人民出版社，2007.

卡西尔. 人论[M]. 甘阳，译. 上海：上海译文出版社，2004.

克莱·舍基. 人人时代：无组织的组织力量[M]. 胡泳，沈满琳，译. 北京：中国人民大学出版社，2012.

马丁·海德格尔. 存在与时间[M]. 陈嘉映，王庆节，译. 北京：生活·读书·新知三联书店，1987.

马丁·海德格尔. 演讲与论文集[M]. 孙周兴，译. 北京：生活·读书·新知三联书店，2005.

马克·波斯特. 第二媒介时代[M]. 范静哗，译. 南京：南京大学出版社，2001.

马克·波斯特. 信息方式——后结构主义与社会语境［M］. 范静哗，译. 北京：商务印书馆，2014.

马歇尔·麦克卢汉. 理解媒介：论人的延伸［M］. 何道宽，译. 北京：商务印书馆，2000.

迈克·费瑟斯通. 消费文化与后现代主义［M］. 刘精明，译. 南京：译林出版社，2000.

迈克尔·H. 普罗瑟. 文化对话：跨文化传播导论［M］. 何道宽，译. 北京：北京大学出版社，2013.

曼纽尔·卡斯特. 网络社会的崛起［M］. 夏铸九，王志弘，等译. 北京：社会科学文献出版社，2001.

曼纽尔·卡斯特. 信息化城市［M］. 崔保国，等译. 南京：江苏人民出版社，2001.

米歇尔·福柯. 规训与惩罚［M］. 刘北成，杨远婴，译. 北京：生活·读书·新知三联书店，2003.

尼葛洛庞帝. 数字化生存［M］. 胡泳，范海燕，译. 海口：海南出版社，1997.

皮埃尔·布尔迪厄. 反思社会学导引［M］. 李猛，李康，译. 北京：商务印书馆，2015.

齐格蒙特·鲍曼. 全球化：人类的后果［M］. 郭国良，等译. 北京：商务印书馆，2001.

威廉·莱斯. 自然的控制［M］. 岳长龄，译. 重庆：重庆出版社，1993.

文森特·莫斯可. 传播政治经济学［M］. 胡春阳，译. 上海：上海人民出版社，2009.

叶夫根尼·莫罗佐夫. 技术至死：数字化生存的阴暗面［M］. 张行舟，闾佳，译. 北京：电子工业出版社，2014.

尤瓦尔·赫拉利. 未来简史：从智人到智神［M］. 林俊宏，译. 北京：中信出版社，2017.

二、英文文献

(一) 专著

C I HOVLAND, I L JANIS, H H KELLEY. Communication and Persuasion [M]. New Haven: Yale University Press, 1953.

J SHAUGHNESSY. Explaining Buyer Behavior: Central Concepts and Philosophy of Science Issues [M]. New York: Oxford University Press, 1992.

M ZIMMERMAN. Heidegger's Confrontation with Modernity [M]. Bloomington: Indiana University Press, 1980.

P KOTLER, W PFOERTSCH. Basics of Ingredient Branding [M]. Berlin: Springer, 2010.

S UKIN, P DIMAGGIO. Structures of Capital: The Social Organization of the Economy [M]. New York: Cambridge University Press, 1990.

(二) 论文

D AAKER. Managing Brand Equity: Capitalizing on the Value of a Brand Name [J]. Journal of Business Research, 1994 (03): 247-248.

E ARONSON, P WORCHEL. Similarity Versus Liking as Determinants of Interpersonal Attractiveness [J]. Psychonomic Science, 1966 (04): 157-158.

E B PARKER, J SHORT, E WILLIAMS. The Social Psychology of Telecommunications [J]. Contemporary Sociology, 1978 (01): 32.

G J GOODHARDT, A S C EHRENBERG. Duplication of Television Viewing Between and Within Channels [J]. Journal of Marketing Research, 1969 (02): 169-178.

H LOUISA, S M CHAN-OLMSTED. Cross-Media Use in Electronic Media: The Role of Cable Television Web Sites in Cable

Television Network Branding and Viewership [J]. Journal of Broadcasting & Electronic Media, 2004 (48): 620-645.

JOSEPH B WALTHER, JEFFREY F ANDERSON, DAVID W PARK. Interpersonal Effects in Computer-Mediated Interaction: A Meta-Analysis of Social and Antisocial Communication [J]. Communication Research, 1992 (01): 52-90.

K L KELLER. Conceptualizing, Measuring, and Managing Customer-Based Brand Equity [J]. Journal of Marketing, 1993, (01): 2-3.

M THOMSON. Human Brands: Investigating Antecedents to Consumers' Strong Attachments to Celebrities [J]. Journal of Marketing, 2006 (03): 104-119.

R L COSER. Modernity and Self-Identity: Self and Society in the Late Modern Age [J]. Social Forces, 1992 (05): 229.

S S KLEINE, S M BAKER. An Integrative Review of Material Possession Attachment [J]. Academy of Marketing Science Review, 2004 (01): 4-41.

后　　记

　　《颠覆与想象：后互联网时代的媒介理论与媒体实践》一书，历时近一年的准备以及写作，其间经过数次论证、修改，终于得以定稿。本书是蒋晓丽教授主编的"融媒体研究丛书"最新研究成果之一，也是我们在新媒体研究课堂上围绕"后互联网时代"的媒介理论与媒体实践这一论题所做的一些思考和总结。

　　当下，以移动网络技术为代表的新媒介技术的发展，已然将人类社会推向了后互联网时代。从实践层面来看，后互联网时代的到来意味着移动网络技术从根本上嵌入人们的日常生活，并重构和重塑了互联网逻辑下的传播生态和传播格局。也就是说，后互联网时代的传播实践已经走向打破一切、颠覆一切的崭新局面。从理论研究层面来看，后互联网时代意味着新的研究范式的到来，也就是说，传播学研究急需对后互联网时代所涌现的新实践、新问题做出回应和反思，方能提升传播研究的学科想象力，解决自身的学科合法性危机。基于此，本书采用理论思辨和经验研究相结合的研究方法，从宏观视角切入、微观视角深化，围绕网络社会崛起、技术哲学以及新闻游戏、算法推荐、媒介融合、媒介品牌等一系列媒介理论和传媒实践议题，力求综合、立体、动态地把握后互联网时代媒介理论重构和媒体实践创新这一重大论题。

　　本书的成稿过程大致如下：先由蒋老师提出基本写作思路并拟定详细提纲，然后再分工写作；书稿形成后由陈明悦负责统稿，并完成目录编制、文字校对等事务性工作。本书撰写人员具体分工如下：前言、绪论，蒋晓丽；第一章，陈明悦；第二章，陈明悦；第三章，贾瑞琪；第四章，尚帅；第五章，贾瑞琪；第六章，尚帅；第七章，朱亚希；第八章，朱亚希。

　　本书旨在立足理论和实践两个层面，通过以点带面的分析，系统梳理和展现后互联网时代媒介理论重构和媒体实践创新这一传播学研究中的重大论题。然而，本书最终完成的这八章内容仅仅是这一重大论题中的冰山一角，在研究广度和深度方面难免不足，因此，只能做抛砖引玉之用，希望读者能在阅读过程中帮助我们不断修正与完善。

　　感谢我们在编写过程中所参考、借鉴的大量学术专著、期刊论文，以及报刊、网站文章的作者们。虽然在对这些成果的使用过程中，我们尽量通过脚注和参考文献的形式做到规范引用，但由于参编人员较多，引文、资料出处较多，在标注过程中难免有遗漏，在此深表歉意并恳请海涵，同时希望诸君不吝赐教，以便今后修订时能逐一标明。

　　感谢给予本书大量支持的各位专家、同行与朋友们！感谢四川大学出版社徐燕老师、编辑罗永平为本书的出版所付出的辛勤劳动。